実践 幸福学

科学はいかに「幸せ」を証明するか

友原章典 Tomohara Akinori

NHK出版新書
612

実践 幸福学——科学はいかに「幸せ」を証明するか　目次

第4章 自分に合った幸せを見つける

まえがき

私は大学で幸福の経済学を教えています。幸福の経済学は、行動経済学の一分野で、心理学や社会学、神経科学とも関係がある学際的な分野です。お金で幸せになれるかなどは、幸福の経済学を説明する分かりやすい例です。行動経済学は、心理学と経済学が融合したもので、心理学的な事実と整合性のあるように経済モデルを構築します。また、神経経済学は、神経科学と経済学や心理学が融合したもので、神経科学（いわゆる脳科学）に基づいて経済的な意思決定を解明しようとします。ここ数十年で急速に発展した分野で、いずれも最近、人気の分野です。

仕事柄、経済学だけでなく、心理学や社会学、神経科学の論文を幅広く読むのですが、その時、何かもやもやっとしたものを感じたのが本書を書くきっかけでした。ペンを走らせて、頭を整理していると、それがなんだか分かってきました。幸せについては、心理学、神経科学、政治経済学をはじめ、いろいろな学問分野で研究されています。ただ、同じ対象を異なる角度から見ているだけで、脳の反応であろうが、心の動きであろうが、結局、似たような結論に集約していくのです。

幸せのために重要なこと。それらは意外と単純です。人生の価値観をしっかり持ち、感謝や親切の気持ちを忘れてはいけません。お金はあるに越したことはありませんが、一般的に思われているほど重要ではありません。むしろ、身近な人を気遣って、安定した人間関係を築くことが大事です。また、楽観的に考えられ、人生を変えられると思う人は、幸せを引き寄せています。

こうした知見は、経験的に知られていました。最近の研究は、昔から言われていることを、科学的に立証しているわけです。ただ、頭では理解していても、実践はなかなか難しいものです。現代社会のように時間に追われていると、忘れてしまうことも多いからです。しかし、人生はあっという間に過ぎてしまいます。自分の幸せについて、今一度、考えなおして、行動してみませんか。本書を読むことが、そのきっかけにでもなればうれしく思います。

本書には、幸せに感じるための工夫がまとめてあります。第1章では、幸せな人の特徴を見て、参考にすることから始めます。すると、楽観性や統制感などの特性が浮かび上がります。第2章では、幸せになる努力に触れます。脳の変化やホルモン分泌など、ストレスに心身が反応する仕組みを理解した後、ポジティブな感情を生み出すための工夫について見ていきます。一方、第3章では、無理をしない幸せに焦点を当てています。第2章が、前向きになろうと頑張って幸せを追求するのに対し、第3章は、自然体でいましょうというわけです。受容を代表する実践法として、マインドフルネスやACT（アクセプタンス＆コミットメント・セラピー）を紹介します。最後に、よりよく生きるために有効な処方箋について、将来の社会展望も含めて総括します。

本書は、150近い論文を参照して執筆された知の結晶です。科学に基づいてよりよい生き方の工夫が記された本書には、類書にはない次のような特徴があります。

まず、従来の幸福学で認知されている事柄は概観するに留め、最近の研究を踏まえて、新しい知見に大幅に紙面を割いています。また、おなじみのトピックスに関しても、新しい切り口を提供しています。幸福の逆説（お金では幸せになれない）や子育て（子育てで親は不幸になる）に対しては、お金の恩恵は否定されていないことや子育てで不幸になるわけでもないことを見ていきます。また、結婚による恩恵があることや共働きよりも専業主婦（主夫）のほうが幸せな可能性についても触れていきます。

こうした話題を議論する過程で、学問分野によるアプローチの違いにも言及していきます。本書を読むと、従来の経済学と心理学では、結婚による恩恵のとらえ方がかなり違う

本書の構成

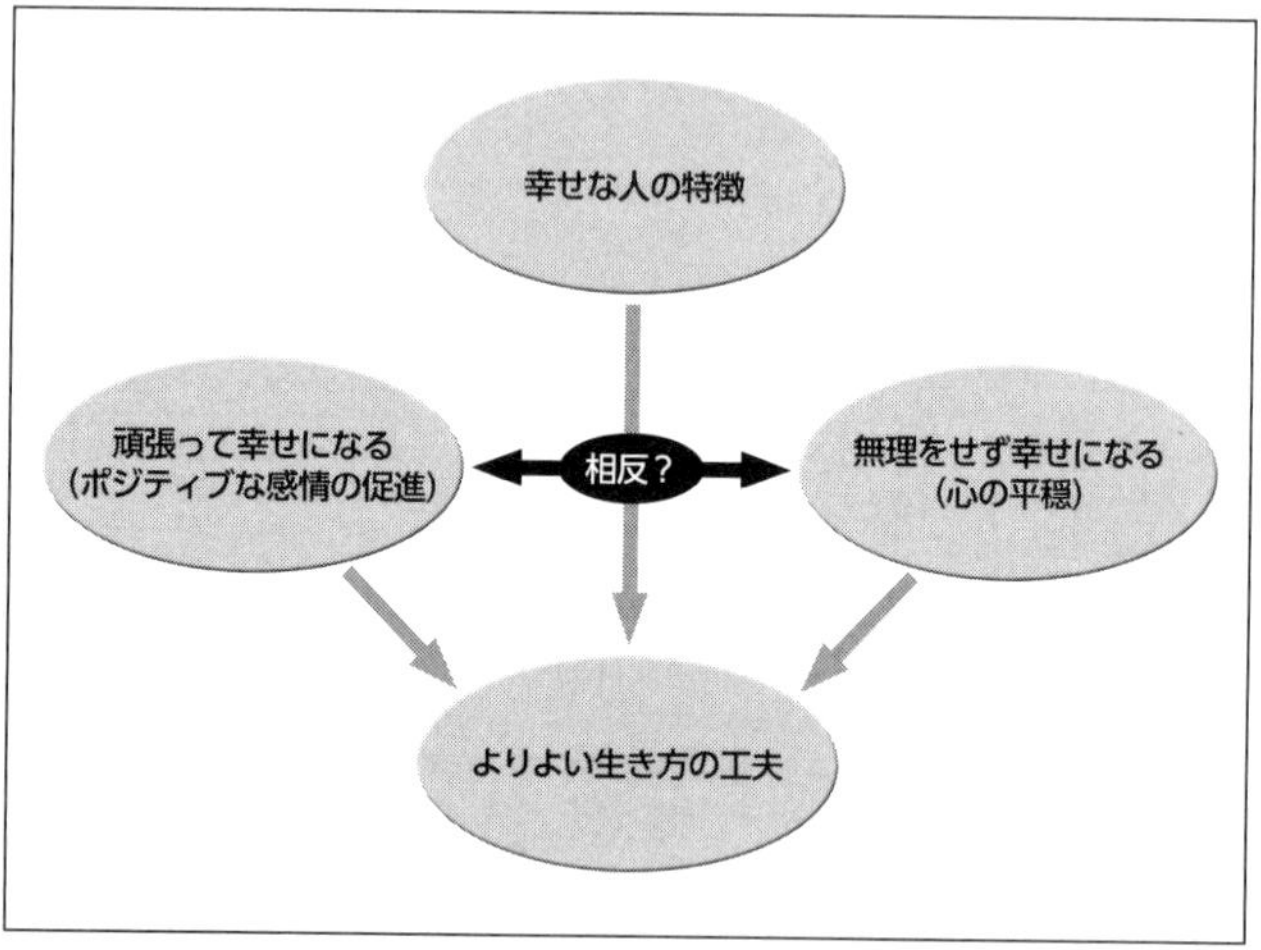

ことが分かるでしょう。

さらに、よりよく生きるための科学に基づいた実践法についても紹介します。それらには、従来のポジティブ心理療法だけでなく、第三世代の認知行動療法であるマインドフルネスやACTなどが含まれます。こうした方法の効能が、科学的な検証によって、どこまで解明されているかも、あわせて見ていきます。

最後に、見栄や信仰をはじめ、他書では見られない話題を、幅広く扱っています。フェイスブックなどのSNSを通じた人とのつながりについても、紙面を割きました。また、社会支援や災害後の心的外傷後成長にも触れてあります。東日本大震災の傷が癒え始めたここ数年、日本では、またさまざまな災害に見舞われています。今後の社会を見据えて、改めて、私たちの幸せを考える参考になればと思います。

就活、婚活、子育て、定年、終活など、人生の節目だけでなく、日々の生活は、大変なことの連続です。そうした中で、誰でも幸せになるにはどうしたらよいかと考えているでしょう。本書の執筆も、科学的に信頼できる方法はないものかと思いながら、いろいろな文献を読んだことが始まりです。

そして、多くの研究に共通していたことは、人とのつながりが重要だということです。結局、人は、社会性のある生物なのでしょう。一人では、幸せに生きられないようです。こんな仕事をしていて言うのもなんですが、私は、人前で話すことがあまり得意ではありません。そんな私が、人とつながる方法として選んだ方法が書くことです。本は人と人を結びつけてくれます。本書を執筆している私は、2019年の東京にいます。遠く離れた未来のあなたへ、時空を超えて、この本でつながることができればうれしく思います。あまり堅苦しく考えず、「へ〜」とか、「ほ〜」とか思いながら、楽しく読んでいただければ、それがベストです。本書を手に取っているあなたが、幸せへの第一歩を踏み出せますように！

幸せペンタゴン・テスト——あなたの幸せ度をチェックする

本書を読み始める前に、今のあなたの幸せ度をチェックしてみましょう。次の①〜⑳の質問に、最大5点〜最少1点（5点 とてもよく当てはまる／4点 当てはまる／3点 どちらとも言えない／2点 当てはまらない／1点 全く当てはまらない）の数字で回答してください。

①職場や近所のエレベーターで知らない人と一緒になった時に、挨拶をして会話を交わすことがあります。□

②自分の人生にあまり不安を感じていません。毎日が緊張の連続ではなく、平穏な生活を送れています。□

③レストランで食べたことのない料理を注文するなど、新しい経験が好きです。□

④自分の将来はうまく行くと思っています。□

⑤自分が本当に欲しい（やりたい）目標がある時には、成功の可能性を考えるよりも、ま

ず挑戦してみるほうです。
⑥どんな人に会っても、大抵の場合、よい人だなと思います。
⑦何でも、物事のよい面を見つけるのが得意です。
⑧これまでの人生でうまく行かなかったことも、今後の人生で役に立つと思います。
⑨うまく行かなかった時でも、あまりクヨクヨと思い悩みません。
⑩失敗した時には、その理由を考えて、次に活かそうとします。
⑪身の回りに、親身になって自分の気持ちや体調を気遣ってくれる人がいます。
⑫この1か月を振り返ると、自発的に他人を助けた経験があります。
⑬確執があった相手にも、すべてを水に流して対応できます。
⑭他の人と比べると恵まれており、感謝しています。
⑮私には意義のある人生にするための目的があります。
⑯大概のことは、自分の力で何とかなると思っています。
⑰うわの空でいろいろと考えることは、あまりありません。
⑱私の周りには、幸せな人が多くいます。
⑲定期的な運動や勉強、健康的な食品の摂取など、よい生活習慣があります。
⑳自分のことを魅力的で健康的だと思っています。

□□□□□□□□□□□□□□□□

では続いて、次の手順に従って回答を集計し、その合計数を下の五角形の図に描いてみましょう。

質問①〜③の回答の合計を(Ⅰ)へ、④〜⑥の合計を(Ⅱ)へ、⑦〜⑩の合計を(Ⅲ)へ、⑪〜⑭の合計を(Ⅳ)へ、⑮〜⑳の合計を(Ⅴ)へ、それぞれ記入してみます。

それが済んだら、次ページの表であなたのテストの結果を確認し、自分に該当する(Ⅰ)〜(Ⅴ)それぞれの型の解説をお読みになってください。

幸せペンタゴン(幸せの五角形)

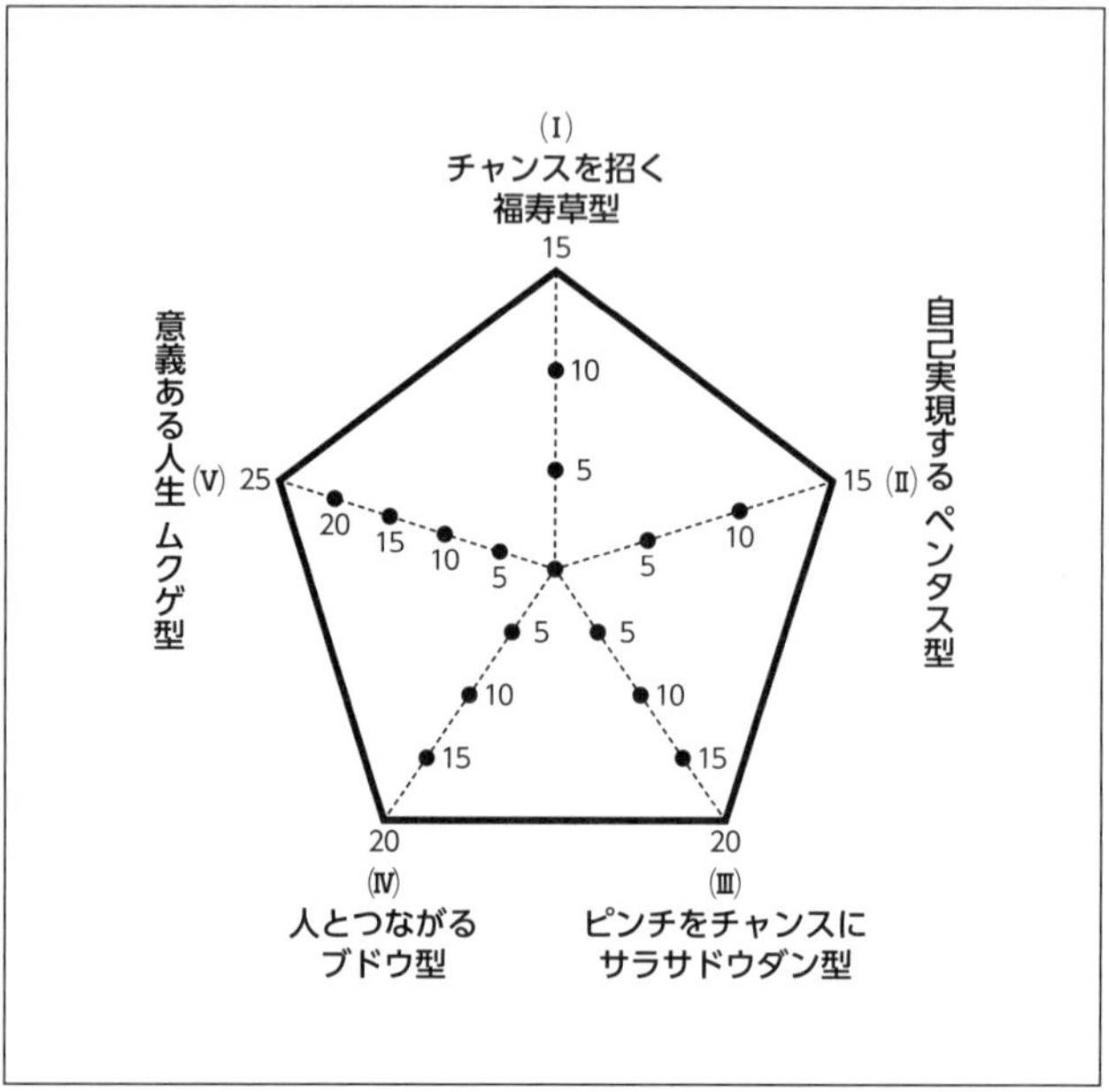

あなたは、どのタイプ？

(Ⅰ)	(Ⅱ)	(Ⅲ)	(Ⅳ)	(Ⅴ)
質問①～③の回答の合計が、12～15点は高い、9～11点は普通、3～8点は低い。合計数が大きいほど、チャンスを招く可能性が高くなります。	質問④～⑥の回答の合計が、12～15点は高い、10～11点は普通、3～9点は低い。合計数が大きいほど、自己実現の可能性が高くなります。	質問⑦～⑩の回答の合計が、17～20点は高い、11～16点は普通、4～10点は低い。合計数が大きいほど、逆境を幸運に変えられる可能性が高くなります。	質問⑪～⑭の回答の合計が、16～20点は高い、9～15点は普通、4～8点は低い。合計数が大きいほど、人との強固な結びつきを持てる可能性が高くなります。	質問⑮～⑳の回答の合計が、20～25点は高い、11～19点は普通、5～10点は低い。合計数が大きいほど、信念に基づいた行動を起こしやすく、意義のある人生を送れる可能性が高くなります。
質問①は外向性（ビッグ5）、質問②は情緒安定性（ビッグ5）、質問3は開放性（ビッグ5）や好奇心（VIA）と関連した質問です。	質問④、⑤、⑥は楽観性、希望、未来志向（VIA）と関連した質問です。	質問⑦、⑧、⑨、⑩は楽観性、希望、未来志向（VIA）と関連した質問です。	質問⑪は愛情（VIA）や社会支援、質問⑫は親切心（VIA）、質問⑬は寛容さや許し（VIA）、質問⑭は感謝（VIA）と関連した質問です。	質問⑮はスピリチュアリティや信念（VIA、ACT）、質問⑯は統制感、質問⑰は集中力、質問⑱は幸せの伝播、質問⑲は自制心、質問⑳は自尊心・肯定感と関連した質問です。
(Ⅰ)福寿草型 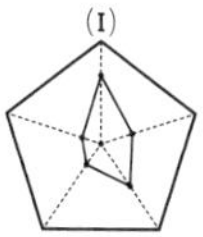	**(Ⅱ)ペンタス型** 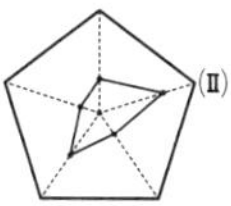	**(Ⅲ)サラサドウダン型** 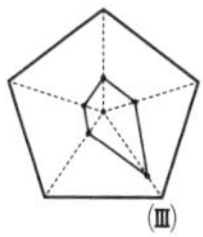	**(Ⅳ)ブドウ型** 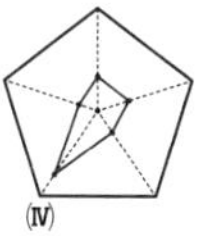	**(Ⅴ)ムクゲ型** 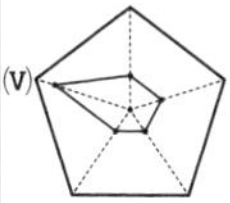

質問の①～⑩は、ワイズマンの「幸運のスコア」、質問の⑪～⑮は、ピーターソンとセリグマンのVIA(「特性の強み」)を参考にして、本書の内容と関連付けた質問を作成

(Ⅰ)福寿草型～チャンスを引き寄せる

雪解けとともに黄金色の花を咲かせ、春の使者とも呼ばれる福寿草の花言葉は、「幸福を招く」です。まだ寒い時期に開花するその花びらは、光を反射しながら、パラボラのような形状で太陽光を集め、虫たちに暖かい場所を提供します。受粉のために虫を引き寄せる術を知っている福寿草のようなあなたは、チャンスや良縁に恵まれそうです。

(Ⅱ)ペンタス型～自己実現する

ペンタスの花言葉は、「希望が叶《かな》う」です。星のような形に花が咲くことから、英語ではStar cluster（星団）とも呼ばれます。暑さにも強く、春から秋にかけて長い間開花するペンタス。自分を信じて起こした行動の成果は、あなたの人生に、長い実りをもたらしてくれるでしょう。

(Ⅲ)サラサドウダン型～ピンチをチャンスに変える

春に小さなつぼ型の花を咲かせるサラサドウダン（更紗灯台）の花言葉は、「明るい未来」です。枝に花が咲く様子が、風鈴《ふうりん》に似ていることから風鈴躑躅（フウリンツツジ）や、満天の星のように見えることから更紗満天星と表記されることもある、ツツジ科ドウダンツツジ属の一種です。周囲を明るく灯すサラサドウダンのようなあなたは、どんなピンチもチャンスに変える力を秘めていることでしょう。

(Ⅳ)ブドウ型～人と強く結びつく

果物として有名なブドウですが、きれいな花を咲かせます。花言葉は、「信頼」「思いやり」「親切」です。一房にいくつもの実が群がるブドウの様子が、人と人が結びついているようにも見えます。ブドウ型のあなたは、周囲の人を支えたり、逆に、周囲の人に支えられたりして、幸せを分かち合えるような人間関係を期待できるでしょう。

(Ⅴ)ムクゲ型～意義のある人生を送る

ムクゲの花言葉は、「信念」です。槿花《きんか》一日《いちじつ》の栄《えい》の「槿花」は、ムクゲの花のことです。朝に咲いたムクゲの花は、夕方にはしぼむことから、はかない栄華を意味します。人生はあっという間。ムクゲ型のあなたは、信念に基づいて自らの力で道を切り開き、意義のある人生を送れそうです。

テストの結果はいかがでしたでしょうか。このテストによって、ご自身でも気がつかれていないようなあなたの潜在的幸福力がお分かりになったと思います。仮に、回答の合計に低い要素があった方も大丈夫です。本書でご紹介する内容のうち、ご自身に合った方法を、日々の生活で実践してみましょう。そして、3か月後に、また幸せ度をチェックしてみてください。あなたの幸せ度は、以前よりも改善しているはずです。

第1章　誰がいったい幸せか

1　幸せな人生を予知する——デュシェンヌ・スマイル

将来おひとり様か否かは卒アルで分かる？

どのような人が幸せになるのでしょう。天気予報みたいに、あらかじめ知りたいと思ったことはないでしょうか。この疑問に答えるため、カリフォルニア大学バークレー校の心理学者ハーカーとケルトナーは、女子大学の卒業アルバムの写真を使って研究を行いました[1]。彼女たちの写真の表情を分析することにより、その後の人生との関係を調べたのです。30年にわたる追跡調査の結果、「デュシェンヌ・スマイル」をする女性の多くは、幸せな人生を送っていました。

デュシェンヌ・スマイルとは、「本物の笑顔」と呼ばれる表情のことです。フランスの神経学者デュシェンヌにちなんで名づけられました。初めて聞く方は、ピンとこないかもしれません。大頬骨筋《だいきょうこつきん》によって口角が上方外側に引き上げられるだけでなく、眼輪筋《がんりんきん》が収縮

図表1-1　デュシェンヌ・スマイルとは

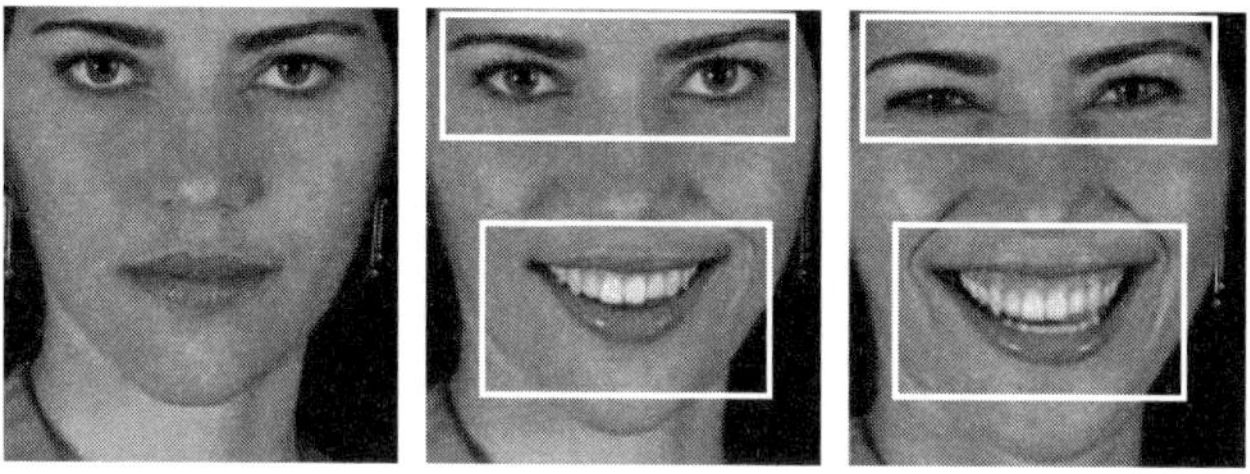

通常　作り笑顔　デュシェンヌ・スマイル

（Câmara［2010］Figure16より抜粋）

して、目の下の頬が上がったり、目の端にカラスの足跡のようなシワができる笑顔です。

これは、いわゆる「作り笑顔」とは違います。作り笑顔では目が笑っていませんが、デュシェンヌ・スマイルでは眼輪筋が収縮します。このため、自分でコントロールして、意図的に作ることは容易ではありません。まさに、自然に湧き上がる本物の笑顔と言えます。

では、本物の笑顔と幸せな人生の間には、どのような関係が見られたのでしょうか。

興味深いことに、卒業アルバムでデュシェンヌ・スマイルをしていた女性とそうでない女性を比べると、**デュシェンヌ・スマイルをしていた女性ほど、幸せになっているのです**。

この研究の分析は単純です。まず、顔面動作符号化システムを使って、卒業写真における顔の筋肉の動きから、デュシェンヌ・スマイルの度合いを得点化します。次に、このスマイルの度合いを、結婚や家族などに関するアンケート結果と照らし合わせます。調査は計4回、だいたい20代、30代、40代、50代という年齢の節目において、生活の満足度などへの質問に、1点から5点までの数字で回答します。結婚生活に大変満足している場合には5点、全く満足していない場合には1点を選択するという具合です。デュシェンヌ・スマイルの得点が高い人ほど、4点や5点を選択していれば、デュシェンヌ・スマイルと満足な結婚生活には関係があることになります。

分析をしてみると、いずれの年代でも、デュシェンヌ・スマイルの度合いが強い女性のほうが、高い幸福感を示していました。また、デュシェンヌ・スマイルの強い女性ほど、27歳までに結婚する傾向があるだけでなく、43歳までに結婚の経験がない傾向も低くなっていました。早く結婚して、生涯未婚であることが少ないわけです。さらに、50代になっても結婚生活に満足しており、年をとっても結婚による幸せを感じていました。

本物の笑顔は幸せの道しるべ

デュシェンヌ・スマイルを見せた人たちが、その後の人生において、幸せに感じているのはなぜでしょうか。これには、二つの可能性が指摘されています。**もともとの性格と精神的成長の伸びしろです**。本物の笑顔は、良好な人間関係を築いたり、状況を適切に認知したりする能力を反映しています。幸せな環境作りがうまいわけです。また、デュシェンヌ・スマイルが強い人ほど、年をとるにつれて、精神的に安定して、目標に向かって努力をするだけでなく、嫌な出来事にも捕らわれないようになっていきます。幸せになる素養があるだけでなく、人間的に成長し続けて、幸せを引き寄せるようになるのです。

将来の幸福や結婚には、美しい顔やスタイルの影響が大きいのではないかと思われた方もいるでしょう。容姿端麗であれば良縁に恵まれやすく、他人から好意的に接してもらえる頻度も増えます。外見がよい人が幸せになると考えるのも、もっともなことです。

しかし、ここでの議論は、そうした見解を肯定するものでも否定するものでもありません。卒業アルバムの分析では、身体的な魅力の影響を調整したうえで、デュシェンヌ・スマイルによって、その後の人生の幸福感を予測できるのです。つまり、身体的な魅力以外で、デュシェンヌ・スマイルに具現化されている要素が、幸せと関係あることになります。それが、もともとの性格や成長の伸びしろではないかというわけです。

ハーカーとケルトナーの研究では女性だけが対象でしたが、共学の大学を対象にした研究もあります。デュポール大学の心理学者ハーテンシュタインらによると、卒業写真におけるデュシェンヌ・スマイルの度合いが弱いほど、性別に関係なく離婚する傾向が見られます。[2]それだけではありません。地域の住民を対象に、5歳から22歳まで（平均年齢が10歳の時）の写真で見ても、デュシェンヌ・スマイルの度合いが、離婚の傾向を示していました（ただし、サンプル数が少なかった男性については分かりませんでした）。20代初期の写真だけでなく、子供の頃に撮られた写真を見ることでも、将来の離婚を予見できることになります。

予見される幸せは、結婚生活に留まりません。性別にかかわらず、デュシェンヌ・スマイルを見せる人が、よりよい人生を送れることは、いろいろな研究で示されています。

たとえば、配偶者を亡くす悲劇に見舞われた時、**デュシェンヌ・スマイルを見せる遺族は、高い「レジリエンス（精神的回復力）」を示します**。3年間以上生活を共にした配偶者の死後、約2年後までインタビューが行われ、その時の顔の表情を分析しました。すると、亡くなった配偶者の話をしている時に、デュシェンヌ・スマイルを見せた遺族ほど、配偶者を亡くした喪失から早く立ち直っていたのです。[3]

また、**デュシェンヌ・スマイルをしている人は、長生きします**。選手名鑑に載っているメジャーリーグの野球選手の表情と寿命の関係を調べたところ、デュシェンヌ・スマイルをしている選手は、笑顔のない選手と比べると、どの年度で見ても、亡くなる確率が半分でした。[4] もちろん、笑顔以外の寿命と関係がある要因もあります。たとえば、現役生活が1年延びると、ある年度に亡くなる危険が4％減ります。現役を続けるには、体に気を使うためだとされています。また、大卒であると、亡くなる確率が44％も低くなります。大卒の選手ほど、健康に気を遣ったりするからではないかと考えられています。こうした寿命と関係した要因を調整した後でも、デュシェンヌ・スマイルは長寿を予知しているのです。

このように、本当の笑顔を見せることは、よいシグナルです。そのメリットは、将来的な幸せに留まらず今の気分も上がります。脳内にエンドルフィンという、幸せホルモンの一つが分泌されるからです。現在にもよい影響があるわけです。

脳をだまして幸せになろう

では、幸せになるにはどうしたらよいのでしょう。デュシェンヌ・スマイルをする人は、幸せに感じています。しかし、このスマイルは、意識的でなく、自然と出る笑顔です。

実は、**作り笑顔でも、ストレスには、よりよく対応できます。**口にお箸を挟むとデュシェンヌ・スマイルみたいになりますが、こうした作り笑顔でも効果があるのです[5]。ストレスで心身が緊張していると、自律神経のバランスが崩れ、心拍数が高くなります。そこで、ストレスがかかる時に、人為的に笑顔を作ります。すると、ストレスから回復する時の心拍数が低くなるのです。通常の表情の人では、一分間あたりの心拍数が72・02ｂｐｍ（beats per minute。心拍数の単位で、一分間の脈拍数のこと）であるのに対し、作り笑顔の人では65・37ｂｐｍでした。つまり、ストレスの多いつらい状況でも、不幸な表情をせず、笑顔を作ることは、ストレス反応を緩和します。昔から、「笑う門には福来《きた》る」と言いますが、笑顔は幸せへの第一歩と言えるでしょう。

ちなみに、スマイルスキャンという笑顔度を測るセンサーが、オムロン株式会社から販売されています。[6] 顔の画像から、笑顔度を０～１００％の数値で表してくれるものです。今のところ、自分で購入して笑顔の練習をするには高価なものかもしれませんが、そのうち、スマホのアプリで似たような廉価版が開発されるかもしれません。毎朝、出かける前に自分の笑顔をチェックする日が来るのでしょうか。

■まとめ

①卒業アルバムでデュシェンヌ・スマイルを示す女性ほど、幸せになっている。
②デュシェンヌ・スマイルには、幸せになる素養や精神的成長の伸びしろが内包。
③デュシェンヌ・スマイルを見せる遺族は、高い精神的回復力を見せる。
④デュシェンヌ・スマイルをしている人は、長生きする。
⑤作り笑顔でも、ストレスには効果がある。

2　お金でできること、できないこと——幸福の逆説への反証

プライスレス——幸せはお金で買えない？

一般的に、お金が手に入ると幸せになると思われています。しかし、『幸福の政治経済学』で著名なフライとスタッツァによると、必ずしもそうではありません。[7] たとえば、**宝くじに当たった人は、幸せになっていません**。一時的に幸せに感じますが、その後、借金を頼まれるなど悩み事が増えるからです。また、**お金に執着する人は不幸になりやすい**とされています。ほとんどの人は、満足のいくお金を手にできず、失望感を味わうだけでなく、お金を稼ぐ過程で、人間関係を犠牲にすることも多く、孤独を感じることも原因です。古典的な心理学の知見は、概してお金の効能に否定的です。

経済学の研究でも、幸せはお金で買えないという有名な見解があります。国家が経済的に成長しても、国民一人ひとりが幸せに感じていないからです。こうした状況は、「幸福の逆説」（または「イースタリン・パラドックス」）と呼ばれています。[8]

国内の経済活動の規模は、よく国内総生産（ＧＤＰ）という指標で表されます。この

GDPをその国の人口数で割って、物価変動の影響を調整したものを、一人当たり実質GDPと言います。経済的な豊かさの指標です。

戦後のアメリカでは、一人当たり実質GDPが増加したにもかかわらず、生活満足度が低下しています。似たような状況は、イギリス、ドイツ、ロシアや中国など、いろいろな国で見られています。同じように、戦後の日本でも、一人当たり実質GDPが増加しましたが、生活満足度はほとんど横ばいで変わっていません。この半世紀強の間に、多くの国では、経済的に豊かになるとともに、平均労働時間が減り、平均余命も長くなりました。生活満足度が上昇する要因こそあれ、低下する要因は見当たりません。

所得が増えても幸せにならない。この奇妙な現象には、いくつかの説明があります。

一つは、**周囲との比較です**。私たちは、自分の所得が増えても、周りの所得も増えていれば、あまりありがたみを感じません。所得の絶対額だけが問題なのではなく、むしろ、自分の所得を、周囲の人たちの所得と比べて、どう感じるかという相対性が大事なわけです。特に、現在のように他人との交流が盛んになると、自分の所得が高いとか低いとかいうことに敏感になります。身近な人としか接しない場合に比べ、比較する相手の数も多くなるからです。

それだけではありません。私たちは、**新しい環境に適応（順応）します**。所得が増加しても、やがてそれを当たり前に思ってしまうのです。増加した所得による快楽の変化に慣れてしまうことは、「快楽の踏み車」と呼ばれます。また、**期待も変化します**。所得が増えて社会的な地位が上がると、より多くの所得を望むようになります。こうした期待値の変化に注目した考え方は、「野心の踏み車」と呼ばれます。このため、せっかく所得が増えても、思ったほど幸せに感じないことになります。

だまされるな！　幸せはお金で買える

幸福学の隆盛に伴い、幸せはお金で買えないという見解が、一般にも浸透しています。特に、心理学的な文献には、そうした傾向が強いように感じます。しかし、一方で、イースタリン・パラドックスに対する疑義も唱えられ始めています。こうした研究では、所得の絶対額を重視する従来の経済学的な色合いが濃く見られます。

ミシガン大学の経済学者であるスティーブンソンとウォルファーズの研究は、その一例です。これまで、日本人の幸福感の推移は、一人当たりGDPが増加しているのに生活満足度が上がらないとして、イースタリン・パラドックスを支持する強力な証拠とされていましたが、そうではないことを指摘したのです。幸福感に関する質問の一貫性に問題があったので分析を見直したところ、**一人当たり実質GDPが増加すると、生活満足度も上**

昇していました。[9]

同様に、ヨーロッパ諸国の幸福感も、イースタリン・パラドックスに反していることが示されました。イースタリンが分析対象としたヨーロッパ諸国のデータ期間が短すぎたのです。37年間という長い期間のデータを使って分析すると、むしろ、国が経済的に成長すると、国民が幸せに感じるようになっていました。

また、国際比較をすると、**経済的に豊かな国の国民は、貧しい国の国民より、幸せであると感じています**。前出のスティーブンソンとウォルファーズにペンシルバニア大学のサックスが加わった研究では、122か国のデータを使って、2010年における生活満足度と対数変換した一人当たりGDPの関係を見ると、一人当たりGDPが増えるほど生活満足度も高まっていました。[10] もちろん、こうした現象に関しては、経済以外の要因も指摘されています。民主主義が徹底していたり、人権が尊重されていたり、衛生状態が優れていたりするからです。しかし、経済的に豊かになることで、貧しい国の人が幸せに感じることは、ある程度確かだとされています。

同様に、経済的に豊かな国でも所得が増えると、幸福感は高まります。これまでは、国の一人当たり年間所得が一定の金額を超えると、所得は幸福感にほとんど影響を与えなくなるとされていました。いわゆる飽和点（所得の増加は、もはや幸福感を促進しない）です。

しかし、サックスらは、先進国においても経済が成長することで、引き続き幸せが増進するとしています。ただし、そのスピードは遅くなります。所得が20万円から30万円に増加した時の幸福感の増加は、所得が10万円から20万円に増加する時の幸福感の増加より小さくなります。

注意深い読者は、なぜ所得の対数をとって分析するのかと思われたかもしれません。これは、知覚の変化には、全体額の変化ではなく、パーセンテージの変化が重要だというウェーバーの法則に基づいています。所得が1万円増えても、お金持ちと貧乏な人では、心理的な受け取り方が違います。ただ、現在の所得が2倍になると、どちらの人にも同じ影響があると考えるわけです。心理学者や社会学者による従来の研究では、所得の絶対額と幸福感の関係を見ていたため、所得が一定金額に達すると、飽和点が存在するとされていました。しかし、私たちの知覚をより正確にとらえる工夫として、所得に対して対数変換を行うと、そうした飽和点が存在しなくなるわけです。

経済学では、所得と幸福の関係を、いくつかの異なる視点から分析しています。混乱しないように、少し整理しておきましょう。まず、一つの国における幸福感の推移です。これは、「時系列分析」と呼ばれ、日本の幸福感は、50年間変わっていないというような議論です。次に、一時点におけるいろいろな国々の幸福感の比較です。これは、「クロスセクション分析」と呼ばれ、2010年における日本の幸福感は、タンザニアの幸福感よりも高いという議論になります。この二つは、これまで見てきた議論です。

それ以外にも、一つの国のなかで、個人の幸福感を比べる場合もあり、**富裕層は、貧困層よりも幸せに感じる**傾向が、文化の違ういくつもの国々において示されています。ノーベル賞を受賞した心理学者カーネマンと経済学者ディートンによるアメリカの研究でも、年収の増加とともに、生活満足度が高まっています[11]。

ただ彼らは、幸せの指標の種類によっては、飽和点の可能性を否定しません。対数変換した年収が約750万円を超えると、昨日のポジティブな感情（幸せ、喜び、よく笑うの三つの項目の平均）で測られる感情的幸福は、あまり変化しなくなるのです。キャッチーなこの結果は独り歩きし、あたかも幸せはお金で買えないかのように、メディアで取り上げられました。しかし、それは行き過ぎた解釈で、この研究の本質ではないと思います。

実際、彼らもこの結果の解釈に注意を促しています。よく誤解されていますが、これはあくまで異なった所得グループ間の幸せの感じ方の差異を示しているだけで、個人の所得の変化について言っているわけではありません。つまり、**私たちの年収が1000万円から1500万円に増えた時に、幸せに感じないと言っているわけではない**のです。

むしろ、幸福感を政策の指針とする場合、幸せのどの側面を重視するかのほうが重要な

図表1-2　幸福感の比較の違い

分析方法	目　的	例	対　象
時系列分析	時間の経過に伴う、一つの国における幸福感の推移	日本人の幸福感は、50年間変わっていない。	平均的な日本人:日本人グループの平均
	出来事の前後における、一つのグループの人の幸福感の推移	宝くじに当たった人は、不幸になる。	宝くじに当たった平均的な人:宝くじに当たった人のグループの平均
クロスセクション分析	一時点における、世界のいろいろな国々の幸福感の比較	日本人の幸福感は、タンザニア人の幸福感よりも高い。	2010年における平均的な日本人と平均的なタンザニア人
	一時点における、一つの国の中のいろいろな社会階層の人の幸福感の比較	貧乏な人より、お金持ちの人のほうが幸せ。	2010年における平均的な貧乏な階層の人と平均的なお金持ちの階層の人
	一時点における、一つの国の中のいろいろな社会階層の人の幸福感の比較	平均年収750万円の人より、1050万円の人のほうが、生活満足度は高い。	年収が600万から900万の階層の人と年収が900万から1200万の階層の人
	一時点における、一つの国の中のいろいろな社会階層の人の幸福感の比較	平均年収750万円の人と1050万円の人のポジティブな気分の程度は同じ	年収が600万から900万の階層の人と年収が900万から1200万の階層の人
パネルデータ分析	時間経過に伴う、一つの国のいろいろな社会階層の人の幸福感の比較	過去35年の間に、女性の幸福感は、男性の幸福感と比べて、相対的に低下している。	平均的な女性と平均的な男性

平均年収750万円の人と1050万円の人を比べる議論は、自分の年収が750万円から1050万円に変化した時の議論とは異なる。むしろ、平均年収750万円の人が、1050万円に変わった時にも、気分が変わらないかどうかの研究のほうが、私たちの関心だったりする

教訓です。生活満足度のような人生の評価は、所得や学歴と関係が見られる一方、感情的指標のような気分は、健康や孤独感など状況に影響を受けます。一時的な快楽を求めるのか（快楽主義）、それとも価値のある生き方としての幸福を求めるのか（幸福主義、エウダイモニズム）は、きわめて哲学的な問題であり、正解があるわけではありません。

これまでの研究から分かることは、幸せ（ポジティブな気分を含む）を考えるうえで、お金の重要性が完全に否定されているわけではないということです。年収が増えれば、感情的幸福の指標でも、ある金額までは改善していきます。また、お金には、ネガティブな気分を相殺してくれる効果もあります。事故で身体に障害をきたしても、事故からしばらくすると、不幸な出来事や不自由な環境にも慣れて、ある程度は幸福感が回復します。しかし、貧困層の人は、富裕層の人ほど、生活満足度が回復しません。精神的回復力の程度が違ってくるのです。やはり、お金の与える影響は無視できないことになります。

幸せを招くお金のうまい使い方

では、結局、**お金で幸せになれるのでしょうか。結論として、ある程度の影響はありますが、それほど重要とまでは言えません。**もちろん、お金はないと困りますし、あったほうがよいに違いありません。ただ、他の要因のほうが、より大きな影響があります。経済学的には、所得よりも失業やインフレのほうが重要だとされています。失業は幸福感を著しく低下させるだけでなく、時間がたっても元の幸福感には回復しないからです[12]。失業の場合、所得の変化のようには適応できず、慣れてしまうことはありません。また、心理学的にも、物質的な快楽は長続きしないことが指摘されています。このため、幸福感を改善したいのであれば、所得（お金）よりも影響力のある要因のほうが重要だと考えられています。

ただし、お金も使いようです。その使い方を少し工夫するとよいでしょう。たとえば、**何かを体験することは、モノを買うより、幸せに感じます**[13]。ある研究によると、モノよりも体験で幸せに感じたとした人は57％に対し、モノの購入のほうが幸せとした人は34％でした。旅行をしたり、コンサートに行ったりするほうが、宝飾品や衣類を買うよりも、幸せになるわけです。ちなみに、この傾向は、男性より女性、老人よりは若者、田舎に住む人よりは都会に住む人のほうが若干高くなっています。

モノよりも体験のほうが幸せに感じる理由の一つは、さまざまな経験が豊かな人生をもたらすためだと考えられています。成長という人間の本質的な目的を満たしてくれるからです。それ以外にも、物質的な便利さにはすぐ慣れてしまい、より優れたモノが欲しくなるのに対し、体験による思い出は、時がたつにつれ、実際の体験よりも美化されていくからだとも考えられています。

図表1-3　幸せに感じる割合:体験とモノの購入

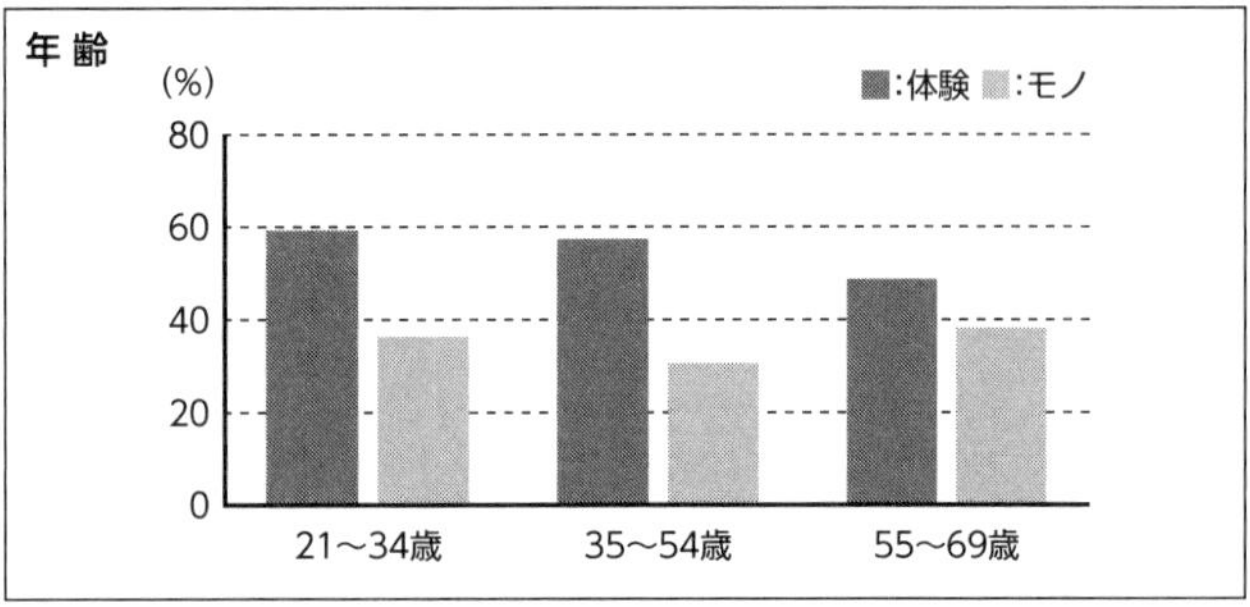

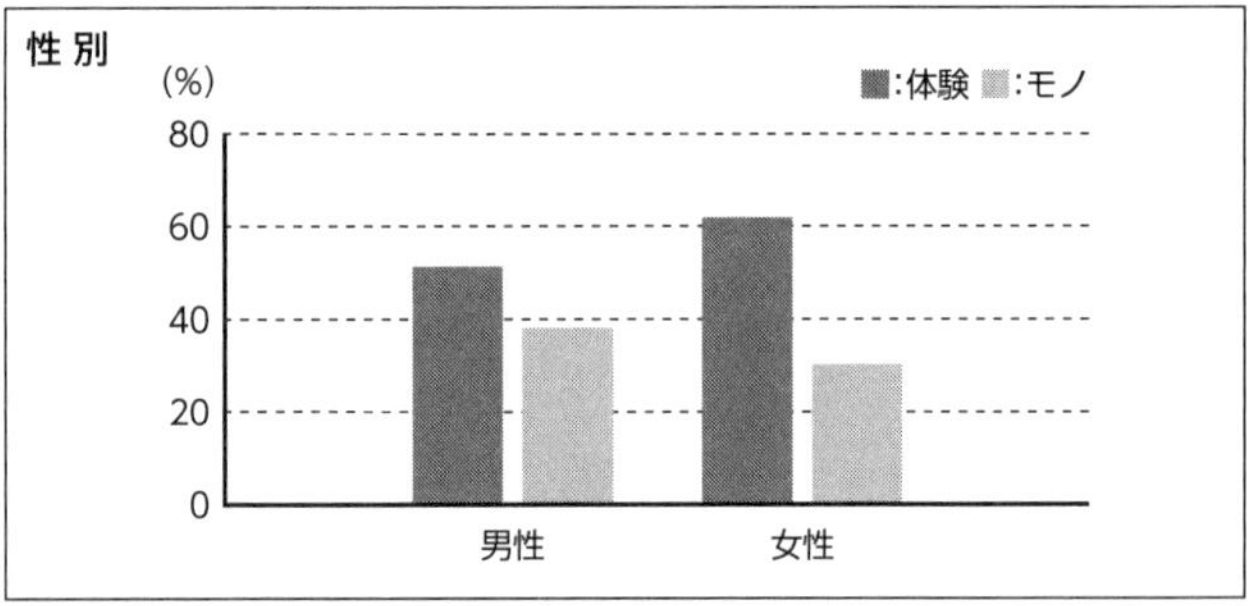

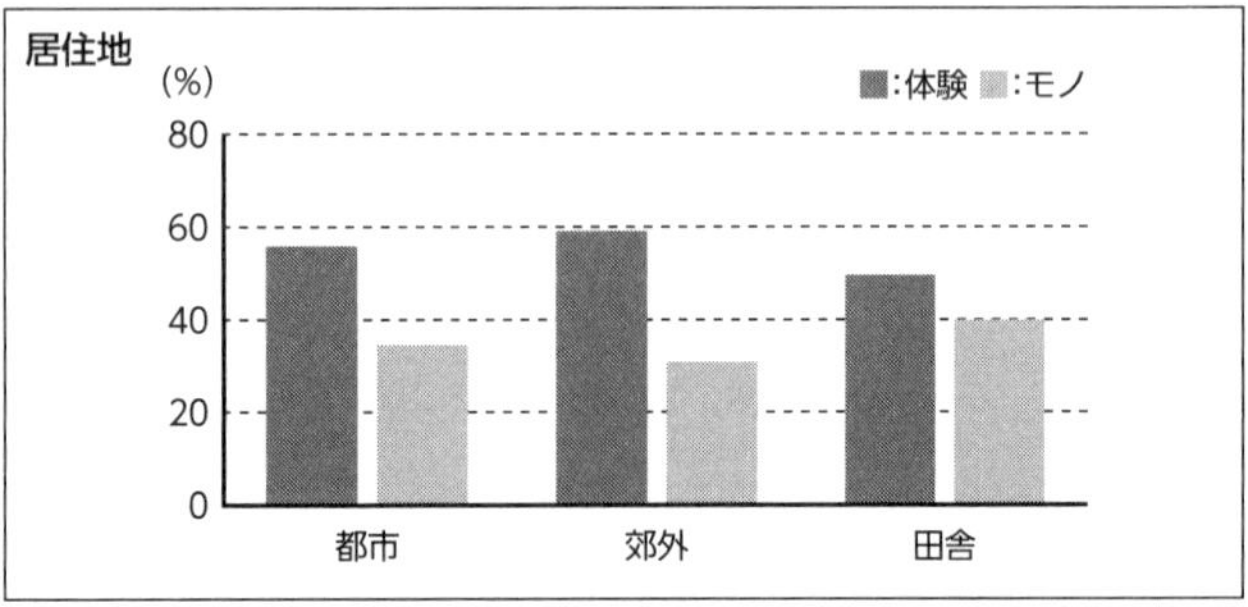

（Boven and Gilovich[2003]のデータより、筆者作成）

また、お金の使い方には、体験以外の知見もあります。**自分にお金を使うより、他人に使ったほうが幸せになれる**ということです[14]。毎月の支払いのうち、自分へのご褒美や経費などの自分のために使う支払いは、幸福感とは関係が見られません。しかし、他人への贈り物や献金をした時には、幸福感が高まります。こうした他人を助けたりする行動は、「向社会的」と言われます。お金を使う時には、社会性のあるほうが幸せに感じるのです。

向社会的な支出が幸福感を高めることは、文化的な違いにかかわらず、万国共通の性質です[15]。１３６か国のデータを地域別（アフリカ、アジア、ヨーロッパ、旧ソビエト連邦及び東ヨーロッパ、ラテンアメリカ、ペルシャ及び中東）に考察した研究があります。その結果、どの地域においても、先月に**献金したかどうかは、高い幸福感と関係がありました**。他人を助けることで感じる喜びは、人間の本質に深く根ざしたものではないかと考えられています。

これからの幸福とお金の役割

本書の基本的な考え方と合わせて、お金と幸せの関係について、もう少し触れておきましょう。結局、**お金が大事かどうかは、立場によっても違います**。これまでの研究から、お金により、低所得者の幸福感が増すことに異論はありません。一方で、幸せはお金で買えないという見解も、ある意味、的を射ています。大事な人との時間や病気、精神的な苦痛などのように、お金では解決できないこともあるからです。時間に忙殺されている高所得者には、こうしたフレーズが心に響くかもしれません。ただ、立場によって違うということは、その人によって重要度が異なり、**一つの正解がない**ということです。

本書では、二つのことを目指しています。一つは、立場が違っても、いろいろな人に共通する幸福の処方箋（または要素）がないかを探索すること。もう一つは、一つの正解がないのだとしたら、幸せに生きるために、**自らの価値観を確立する手助けをすること**です。いろいろなトピックスを取り扱いながら、価値観を形成するための参考資料を提供しているわけです。このため、私の見解を前面に押し出すというよりは、淡々といろいろな研究成果を紹介する側面が強いかもしれません。

ただ、あえて言えば、今後は、お金の重要性が低下すると推測します。もう少し正確に言うと、いかにお金を稼ぐかというより、うまくお金を使うという方向へ意識が変わるのではないでしょうか。１９８０年代の日本の経済成長率は３％から７％の範囲でしたが、２０１５年以降の成長率は約１％と大きく低下しました。経済の発展を人の成長過程になぞらえると、急速に成長する青年期から、安定した中年期に移行しているように感じます。これからは経済成長のみを掲げる時代ではなくなるでしょう。そうした中で、幸福に対する私たちの考えにも変化が迫られます。今あるお金でも使い方次第で幸福感が全く変わってくる、そういう意識が大事な時代になるのではないかと思っています。

まとめ

①宝くじに当たった人は、必ずしも幸せにならない。
②お金に執着する人は、不幸になりやすい。
③人は新しい環境（所得の増加）に適応する。
④一人当たり実質ＧＤＰが増加すると、生活満足度も上昇する。
⑤経済的に豊かな国の国民は、貧しい国の国民より、幸せである。
⑥お金持ちは、貧乏な人よりも、幸せだ。
⑦幸せには、お金よりも、重要とされる要因がある。
⑧何かを体験することで、モノを買うことより、幸せになれる。
⑨自分にお金を使うより、他人に使ったほうが幸せになれる。

3　ちやほやされたい──年齢、学歴、美容整形

幸せな人はおしゃれ

モデルや俳優を見て、こんなふうになりたいと思ったことはないでしょうか。おしゃれでスタイルがよく、かっこいい。そして、いつまでも若々しく自信に満ちています。そんな人たちは、さぞかし幸せに違いないと思うでしょう。しかし、話はそう単純ではありません。普通の人より**身体的魅力のある人が、必ずしも幸せとは限らない**のです。

むしろ、**自分を魅力的だと思っている人が、幸せに感じています**[16]。他の人に魅力的だと思われていても、幸福感とそれほど関係がない理由はいくつかあります。まず、個人の好みはさまざまなことです。それ以外にも、容姿よりも自尊心のような気質のほうが、幸せだと感じるためには重要だからではないかと考えられています。

また、面白いことに、幸せな人ほど、外見に気を遣っています。他人が評価した具体的な魅力と本人の主観的な幸福感の間には、弱い相関関係しか認められません。しかし、外見をよく見せる髪型、服装や装飾品などを見えないようにして、他人が評価した身体的魅力と本人の主観的な幸福感の関係を調べると、さらにその相関関係が弱まってしまいま

す。二つの実験の違いである外見をよく見せる髪型、服装や装飾品が、幸福感と関係があることになります。つまり、幸せな人はおしゃれなのです。

整形で幸せになる

では、容姿を変えても幸せにならないかというと、そうでもありません。美容整形で、幸せになる可能性があります。

ルール大学ボーフム校の心理学者マルグラフらの研究は、美容整形をした人（介入群）と整形に興味がある人（対照群）を比べて、美容整形が幸福感を改善するかを考察しています。[17]二つのグループ（群）を比較することは、「対照実験」（または「コントロール実験」）と呼ばれます。美容整形を受けた人の幸福感を調べただけでは、その本当の効果が分かりません。気候がよくて、気分がよかったりすると、幸せが6単位増進したと回答するからです。そこで、整形に興味があって、まだ施術を受けていない人と比較することになります。整形を受けていない人も、気候がよい時には、幸せが4単位増進したと回答したとします。この時、両者の差に当たる2単位は、整形による効果と見なされます。また、彼らの分析は、特に念入りです。美容整形をした人と整形に興味がある人が、本質的に違った性質の人であると、比較対象としては不適切です。このため、性別、年齢、ＢＭＩ（ボディーマス指数：体重と身長の関係から、肥満度を測る体格指数）、職業、美容整形の種類、所得、性格や健康状態などの観点から、二つのグループにおいて、統計的に似たような人同士をマッチングさせて比較分析しています。

すると、美容整形を受けた人は、そうでない人に比べて、不安やうつ、社交不安障害などが改善され、自分を魅力的に感じるようになっていました。さらに、自尊心が高まり、生活に満足するように変わりました。また、施術の一年後においても、こうしたポジティブな効果は続いています。私たちが、人生の大きな変化に短期間で慣れてしまうことを考えれば、これは驚きの結果です。

ただ、すべての施術に効果があるわけではありません[18]。37本の論文を検証したところ、おおむね患者は整形の結果に満足しますが、施術による満足度の違いも指摘されています。豊胸手術や整復法（整骨）の場合には、自尊心が増すなど、心理状態が改善しています。一方、鼻形成術やフェイスリフト（しわ取りなどの整形美顔術）の場合には、その効果はまちまちです。鼻形成術では術後の顔の変化に驚いて、アイデンティティー（自己）の喪失を訴えることもあります。フェイスリフトに関しても、86％の人の幸福感が改善していますが、これは、老化した顔への施術の効果の場合（患者の平均年齢が48歳）です。40歳以下の患者に限って言えば、逆に満足を得られていません。

また、美容整形による心理効果は、人によっても違います[19,20]。過度な期待を抱いていると、整形の結果に失望して、以前よりも幸せに感じなくなります。過去に受けた美容整形に満足していない人も同様です。それ以外にも、年配者よりは若者、女性よりは男性も、整形の効果が期待できない傾向があります。特に、若者や男性は、整形後に心理状態が悪化しやすいことが分かっています。

さらに、精神疾患の経歴も効果に影響を与えます。不安やうつ、人格障害（普通の人とは違った反応や行動をとることで、本人や周囲が困惑する）を患った経験がある人は、美容整形の結果、かえって失望してしまいます。身体醜形障害の人も、美容整形の結果に満足しない傾向にあります。

こうして見ると、美容整形の効果は自分次第。**容姿を変えて幸せになれるかどうかは、かなりの部分、自分自身の気持ちの持ち方にある**と言えます。

中年は危機、老年は好機？

容姿以外にも、私たちが羨望するものに若さがあります。年齢と幸福感の間には、だいたい40歳代半ばを底としたU字形の関係があることが知られています。つまり、若いうちは幸せですが、中年になると幸せを感じられなくなり、年寄りになると再び幸せに感じる

図表1-4　日本の年代別生活満足度

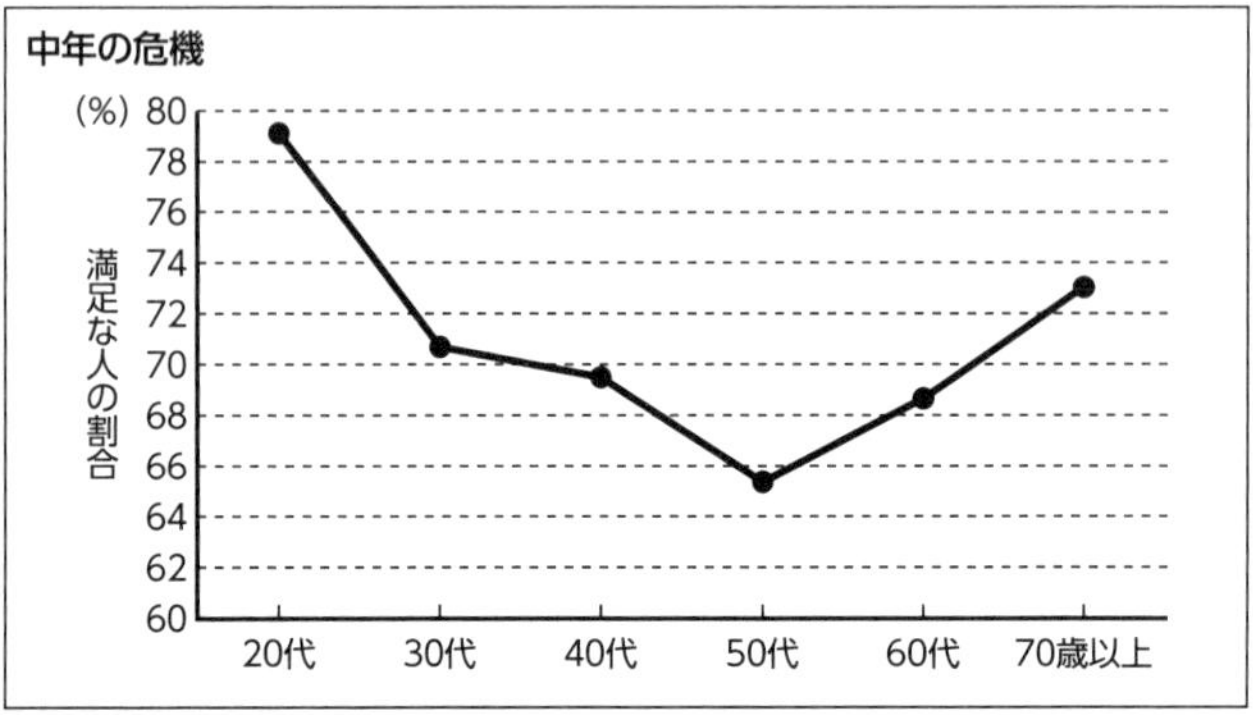

満足は、「満足している」と「まあ満足している」の合計。50代を底としたU字形が見られる（「平成26年度国民生活に関する世論調査」図3のデータより筆者作成）

ようになるのです。

中年の幸福感が低いことは、「中年の危機」と呼ばれています。自らへの期待と現実の間には大きな乖離《かいり》があります。期待が膨らむ若年期に対し、現実を受容した高齢期。これに対し、中年期は、目の前にある現実を受け入れながら、期待とのギャップを調整する時期に相当します。このため、中年期の幸福感は低いと考えられています。

　中年期にくらべて、若年期と高齢期の幸福感は高くなりますが、特に、若者より高齢者のほうが幸せだという見解もあります。その理由として、年を重ねることで、足るを知るようになり、多くを望まなくなることがあります。また、大抵のことは何とかなると思えるようになることも指摘されています。長い人生でいろいろな試練を乗り越えてきたため、物事を楽観的にとらえられるようになるからです。

　高齢者のほうが幸せなんて奇妙だと思われるかもしれません。高齢になれば、健康に不安を覚え、日常生活に不便を感じることも増えていきます。ただ、高齢者が、それ以外の世代よりも、幸せなのは当然だという見解があります。**幸せな人ほど、長く生きる**傾向があるからです。修道女によって書かれた自伝を使った有名な研究があります。自伝が書かれた60年後に9年間の追跡調査を行い、75歳から95歳になった彼女たちの生存率を検証したところ、自伝にポジティブな感情（幸せ、希望、興味、愛、感謝、安心など）が多く含まれる人の生存率が高かったのです[21]。生存率に関係する年齢や学歴の影響を調整して分析したところ、ポジティブな感情を記述した文章の数が1％増えると、死亡率が1・4％減少していました。また、ポジティブな感情を記述した文章の数が最も少ないグループの修道女は、平均して86・6歳まで生きたのに対し、最も多いグループでは93・5歳まで生きていました。6・9歳も寿命に違いが見られたのです。

　幸せな人ほど長生きするのであれば、若者世代のうち、数十年後に生き残っているのは、必然的に幸せな人になります。このため、高齢者世代では、幸せな人の割合が高くなる一方、若者世代には、幸せな人とそうでない人が、同程度いるわけです。

こうした研究結果は、年をとっても幸せに生きられる可能性を示しています。もちろん、反証がないわけではありません。日本の場合、年をとるにつれて、幸せに感じないという報告があります[22]。しかし、日本でも、年齢と幸福感の間にU字型の関係が見られ、50歳以降は、より幸せに感じるようになるというデータも報告されています[23]。日本における年齢と幸福感の関係においては意見の一致を見たわけではありませんが、高齢であることが、すなわち、不幸ではないと言えます。若さだけがすべてではないことを示唆しているのです。

よい学校に入れれば幸せか

一時は、三高（高学歴、高身長、高収入）と言われ、学歴は結婚相手に求める理想の条件にもなっていました。また、少子化によって、以前ほど受験戦争が激しくないとはいえ、進学塾に通う子供は多くいます。よい学校に入学するためです。

結論から言えば、**学歴は幸福感とさほど関係ありません**。高学歴であれば所得も高くなり、ある程度まで幸せに感じます。しかし、学歴に付随する所得などの影響を取り除くと、学歴自体が私たちを幸せにするわけではありません。

確かに、高学歴は羨望されることもあります。学歴が高ければ、就職において選択肢が広がります。その典型は、「学歴フィルター」です。学校のランクによって、就職面接の足

図表1-5　経済学の考え方

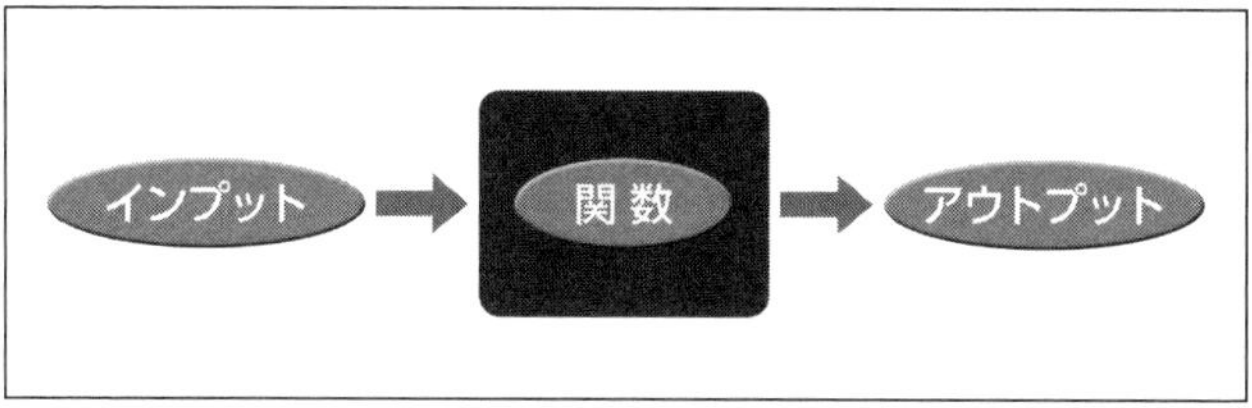

インプット（投入物）を、アウトプット（生産物）に変換。たとえば、生産関数は、労働や資本（投入物）を財やサービス（生産物）に変換する。同様に、効用関数では、所得を使って購入した財やサービス（投入物）を効用（生産物）に変換する。所得自体が、満足の度合いである効用を生むわけではない

切りが行われることがあるのです。学校によっては、就職説明会の登録ができなかったりします。職種によっては、一定以上の学歴が求められることもあります。

しかし、高学歴だとよいことばかりでもありません。同窓生は社会的に成功していることが多く、彼らとの競争意識があると、少しぐらいの成功では満足できません。また、自分への期待も高いので、挫折をすると、より大きな苦痛を感じます。

人生の競争は激しく、エンドレスです。また、失敗による挫折感は、思いのほか大きいものです。高学歴だと、精神的な重圧を感じやすい環境にいることになります。いろいろなプラス・マイナス面を考慮して、総合すると大体ゼロになってしまうわけです。

こうしてみると、学歴の効果は、お金の議論と似ています。ないよりは、あったほうがよさそうです。し

かし、それだけでは幸せになれません。また、宝くじに当たるような大金や高学歴はストレスと関係しています。ただし、うまく使えば、いろいろな可能性が開けてくることも事実です。すると、前出のカーネマンとディートンによる研究において、所得や学歴が、感情的幸福よりは、生活満足度のような人生の評価と関係することも、納得がいきます。幸福との関係においては、**所得と学歴**は似たような要素なのでしょう。それ自体が目的というより、**幸福を生むための道具**と言ってもよいかもしれません。

■**まとめ**

①客観的に見て身体的魅力のある人が、必ずしも幸せとは限らない。
②自分を魅力的だと思っている人が、幸せに感じている。
③幸せな人ほど、外見に気を遣っている。
④美容整形で幸せになるかどうかは、自分の気持ち次第。
⑤中年の幸福感は低い。
⑥幸せな人ほど、長く生きる。
⑦学歴自体は、幸福感とほとんど関係ない。

⑧学歴や所得は、幸福を生むための道具。

4　誰が勝ち組で、誰が負け組なのか――キャリア、結婚、子育て

男でなく女に生まれてよかった

もし、生まれ変われるとしたら、男性と女性、どちらに生まれたいでしょうか。従来の研究では、男性より女性のほうが幸せを感じやすいとされています。しかし、女性のほうが幸せだなんておかしいと思われるかもしれません。男性優位のビジネス社会では、女性の待遇は、平均して見ると、男性の待遇よりも悪いからです。

女性のほうが幸せである一つの理由として、誰と比較しているかという見解がありま す。女性は、必ずしも男性と比較するわけではなく、むしろ、周りにいる自分と似たような境遇の女性と比べているという考え方です。すると、女性の関心は、男女格差ではなく、同期の女子社員の待遇や同じグループのママ友の生活になります。

しかし、時代とともに大きな変化が見られています。アメリカでは、女性の幸福感は大

きく低下し、男性のそれを下回っているのです[24]。男女の平等化が進み、キャリアを含めた環境は改善しているにもかかわらず、奇妙な現象が起きているわけです。ペンシルバニア大学の経済学者であるスティーブンソンとウォルファーズの分析によると、1972年から2006年までの35年間に、とても幸せだとするアメリカ女性の割合は、同様な男性の割合に対して、毎年0・15パーセンテージポイント低下しています。この低下はかなり大きなもので、失業率が8・5パーセンテージポイント上昇した時の幸福感の低下に匹敵します。また、彼らの分析では、男性に対する女性の幸福感の低下は、ヨーロッパの11か国（ベルギー、デンマーク、フランス、イギリス、ギリシャ、アイルランド、イタリア、ルクセンブルグ、オランダ、ポルトガル、スペイン）でも見られています。

男女間の幸福感が縮まった理由として、女性の比較対象が変わった可能性があります。女性の社会進出に伴い、同僚である男性と比べて、待遇格差への不満が顕著になったためです。また、職場だけではありません。家庭で期待される役割も変化するでしょう。もし、男性が、女性の期待する役割を果たさなければ、女性は不満に感じてしまいます。

しかし、こうした見解だけでは、アメリカ人女性の幸福感低下をうまく説明できません。スティーブンソンとウォルファーズの分析によると、幸福感の相対的な低下は、働いている母親と家にいる母親、既婚者や未婚者のどちらにも見られるからです。もし、比較

図表1-6　日本では、男性よりも女性のほうが幸福

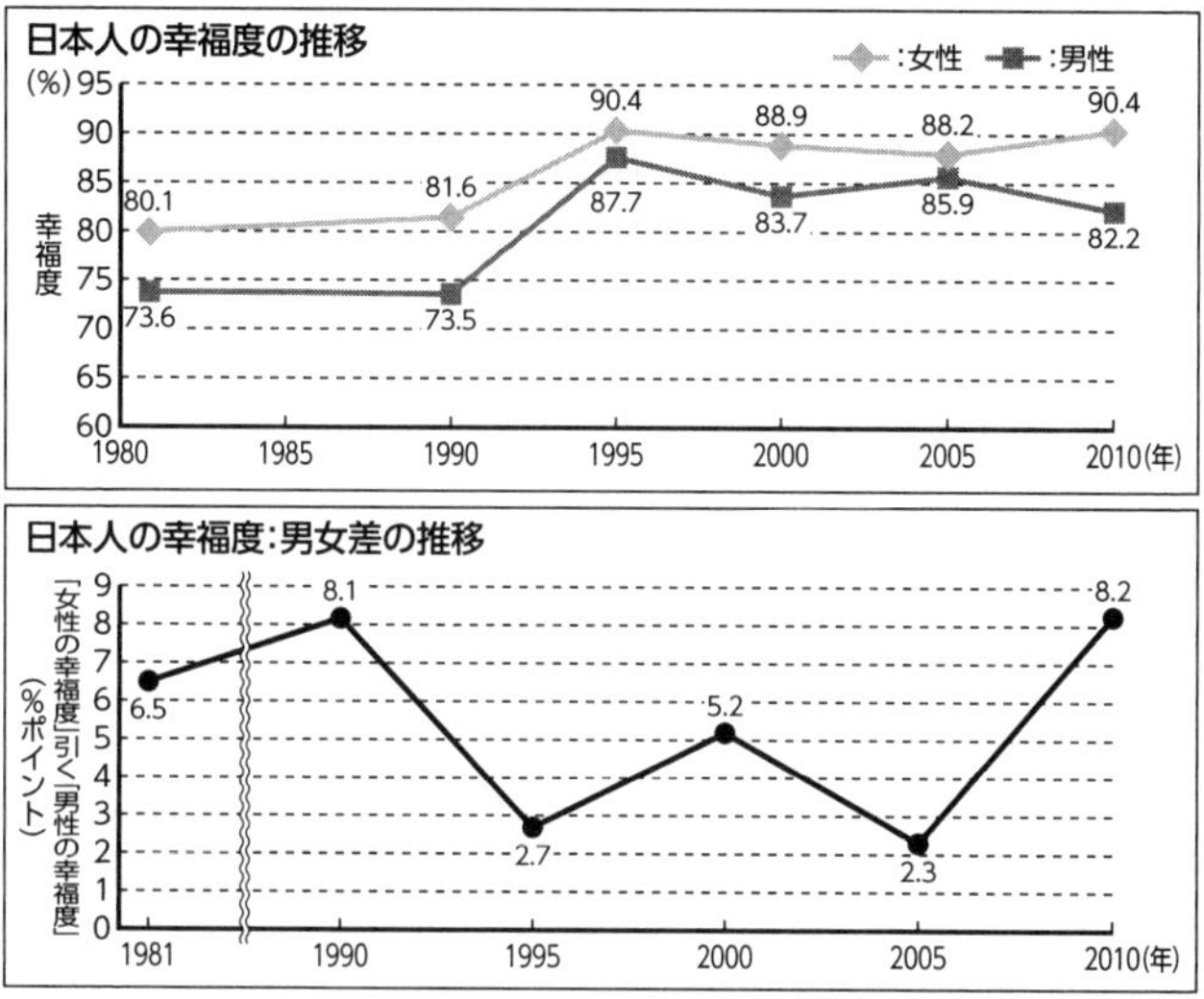

それぞれ1981(1981-1984)、1990(1990-1994)、1995(1995-1999)、2000(2000-2004)、2005(2005-2009)、2010(2010-2014)を対象。調査は、「非常に幸せ」「まあまあ幸せ」「非常に幸せではない」「全然幸せではない」「わからない」で回答。幸福度は、回答総数に占める「非常に幸せ」+「やや幸せ」の割合(World Values Surveyのデータ[2018.11.1時点]より筆者作成)

対象に基づいた見解がすべての要因であれば、働いている母親の幸福感は、家にいる母親よりも大幅に低下するはずです。つじつまが合わないのです。

一方、国際的に**女性の社会進出が遅れているとされる日本ですが、男性に比べると女性のほうが、相対的に幸せと**感じています。

世界経済フォーラムによるジェンダー・ギャップ指数によると、2018年における日本は149

か国中110位と低く、国際的には男女格差が大きくなっています。しかし、日本版General Social Surveyや世界価値観調査によると、幸せだとする日本女性の割合は、同様な日本男性の割合よりも、高い状態が続いています。女性のほうが幸せなわけです。もし、日本よりも女性の社会進出が進んでいる国々で、**女性が幸せに感じなくなっているの**だとしたら、皮肉なことだと言えます。

やっぱり結婚で幸せになる

人生の転機はキャリアだけでありません。たとえば、結婚はどうでしょう。実は、**結婚している人のほうが、幸せだと感じています**。未婚の人、離婚した人、死別した人や片親で子育てをしている人（シングルマザーやファーザー）よりも、幸せに感じる傾向があるのです。この傾向は、性別にかかわらず、男女ともに当てはまります。

これは、結婚によって人との結びつきを強く感じるためだとされています。常に、身近に話し相手がいると、孤独から解放されたり、ストレスが解消されたりするからです。予想通りの結果かもしれません。人には社会性があるからです。社会性とは、一人で生活するのではなく、社会とつながりながら生きる性質のことです。結婚による恩恵として、親や兄弟、友人とは違った種類の対人関係を築いていることになります。

では、本当に結婚して幸せになったのでしょうか。それとも、もともと幸せに感じる人だから、結婚しやすいのでしょうか。実はこうした、結婚→幸せ、それとも、幸せ→結婚、という因果関係については、両方の効果が存在します。

まず、**幸せな人は結婚する傾向があります**。将来結婚する人とずっと独身の人の幸福感を比べると、一部の層（30歳前後時点で独身である人）を除き、将来結婚する人のほうが、ずっと独身の人よりも、独身時代における生活満足度が高いことが示されています[25]。

また、幸せな人が結婚しやすいことを考慮しても、**結婚すると幸せになります**。結婚による恩恵には、健康（身体的・精神的）を含め、いろいろ指摘されています。なかでも、既婚、独身を問わず、加齢などに伴い、私たちの**幸福感が低下する時期がありますが、結婚はその低下を緩和してくれます**。

かつては、結婚で幸せになるのは一時的で、カンフル剤に過ぎないとされていました。女性が幸せになるのは、結婚前後の年だけで、すぐに元の幸福感に戻るためです[26]。結局、結婚が決まる前の独身時代と比べて、幸福感があまり変わらないので、結婚による恩恵がないように見えます。

しかし、結婚しなければ、幸福感がもっと低くなってしまうのです。結婚後も以前と同じような幸福感でいられるのは、結婚がその低下を緩和していることになります[27]。また、こうした幸福感の低下防止機能は、一時的ではなく、結婚後もずっと続きます。

結婚による恩恵を示した研究は、それだけに留まりません。結婚の恩恵については、学問分野によって焦点の当て方が違います。前述したような心理的なサポートや人とのつながりは心理学や社会学でよく見られる議論です。一方、経済学では家庭内での役割分担によって、独身の時よりもよい生活環境になることが強調されます。外で働くより家事が得意な配偶者は、無理して働くよりも家庭に留まるほうが、家庭全体としては好ましいわけです。経済学でよく見る「分業」と「特化」による利益です。

家事分業で、結婚の恩恵を享受できます。**専業（片方の配偶者が働き、もう片方の配偶者が家事をする）の人の生活満足度のほうが、共働きのそれよりも高くなっているのです。**[28]特に、結婚後に専業主婦である女性は、働いている女性に比べて、高い生活満足度を示しています。その理由として、働いている女性は、家事と仕事の両立を迫られるからではないかと考えられています。働いている女性は大変なわけです。

人とのつながりも、結婚の恩恵として認められています。特に、似た者同士の結婚ほど、幸せになるとされています。人とのつながりは、共感とも関連します。このため、育った環境などが似ているほうが同じ価値観を共有でき、一緒にいるメリットが大きくなります。たとえば、学歴の差が小さなカップルは、その差の大きなカップルより、結婚後に高い生活満足度を示しています。結婚前には、両方のカップルに、生活満足度の規則的な差異が見られないことから、結婚後の影響が違うと考えられます。

良好な男女関係を長続きさせるには

結婚生活の継続は、配偶者の喪失や離婚に比べて、毎年約1000万円の価値があるという研究があります[29]。また、配偶者が最良の友であると、そうでない場合と比べて、結婚による幸福感が高くなります[30]。特に、男性よりも女性のほうが、その効果が大きいとされます。**夫が妻の最良の友ならば、妻の幸福感は大幅に増進するわけです。**

では、良好な男女関係には、どのような特徴があるのでしょう。男女関係について著名な心理学者であるゴットマンらによる一連の研究によると、結婚生活が続く夫婦と離婚してしまう夫婦を簡単に見分ける方法があります[31]。夫婦間の問題をどのように話し合うかを見るだけで、かなりの確率で分かるのです。

話し合いの中で、**1回ネガティブな発言をしても、ポジティブな発言を5回以上していれば、安定した結婚生活が予想できます。**ポジティブな発言とは、相手の立場に理解を示し、傷つけてゴメンと素直にあやまることです。また、ユーモアを交えて話すことも含まれます。一方、ネガティブな発言とは、相手の話に耳を傾けず、感情的に相手を否定・批判したりすることです。結婚を長続きさせる賢明な選択は、自分を正当化しようとむきになって話すことではありません。また、相手の意見に追従する必要もありません。**意見の相違はあっても、相手に敬意をもって接する姿勢が大事であることが分かります。**

また、よい男女関係を築けるかどうかは、相手からよいニュースを知らされた時、どのように接するかでも分かります。**悪いニュースよりも、よいニュースへの反応が、二人の関係（親密性や結婚への満足度）やその継続には重要**です[32]。

たとえば、海外赴任が決まったと知らされたとしましょう。笑顔を見せながら、どこの国なのと質問して関心を示し、楽しみだねと一緒に喜びを分かち合うならば、二人の関係は深まります。しかし、その国の言葉が分からないとネガティブな心配をしたり、すぐに関係のない話題に変えたりするようだと、関係が壊れやすくなります。

さらに、パートナーや結婚生活に対する認識は、良好な関係の維持や結婚による幸福感と関係があります。自分がパートナーについてどう思っているかと、パートナーの親しい友人たちによるパートナーの評価やパートナー自身による自己評価を比べて見ると、**結婚生活に満足している人は、友人やパートナー自身の評価より、パートナーを高く評価しています**[33]。のろけているわけです。また、結婚に対する考え方も違います。**結婚をして幸せに感じている人は、結婚による恩恵を当たり前と思っていません。**一方、結婚後に幸せに感じていない人は、理想の結婚生活とは違うことに失望しています。

結婚の恩恵ばかり見ていると、心配になってきた人もいるでしょう。もちろん、必ずしも結婚に執着する必要はありません。晩婚化、離婚の増加や結婚率の低下という時代背景を反映して、既婚者と未婚者の間の幸福感の差は年々縮小しています。また、結婚と離婚を何度も繰り返すと、最初の結婚ほどは幸せに感じなくなります。さらに、離婚のショックからは、男性は2年、女性は3年で慣れてしまいます[34]。配偶者の死からは、男性は4年、女性は2年で、元の生活満足度に戻ることも示されています。

子育ては不幸なことか

学術研究では、子育ては、親の幸福感を低下させることが知られています。子供のいる夫婦は、子供のいない夫婦より、不安や憂うつを感じやすく、幸せに感じていないのです。夫婦の幸福感は、子供が生まれてから独立するまで低下し続けます。

もちろん、子育てによって喜びを感じないわけではありません。むしろ、出来事に対する私たちの感じ方が、こうした現象の一因とされています。たとえば、子供がよい学校に入れば親は幸せに感じますが、そうした幸せは長く続きません。すぐに、また日常に引き戻されてしまいます。一方、子供の世話には手がかかります。食事や健康管理をはじめとする細かな子供の世話に、親はいつも頭を悩ませています。進学のようにたまにしか起きないことに比べると、いつも考えていることは、過大に評価される傾向があります。「フォーカス幻想」と呼ばれます。このため、子育ての喜びより、苦労のほうが、意識されやすくなるのです。

もし、子育てが幸福感を下げるのであれば、子供を産まないほうが幸せです。しかし、こうした見解は、必ずしも一般に受け入れられていません。むしろ、抵抗感のほうが強く、子供から得られる幸せを認める意見も多くあります。

子供を持つ理由として、「ウェルビーイング」という観点があります。ウェルビーイングとは、幸せを、これまでよりも包括的にとらえようとして提唱されている概念です。幸せという気分だけではなく、人との結びつきなども、よりよく生きるための重要な要素だと考えます。このため、子供のように、自分を気にかけてくれる存在は、人生にとって大事なものになります。すると、子育ての苦労は正当化されます。

また、子供がいる人といない人では、幸福感に差がないという研究も出てきました[35]。子供と同居している人は、そうでない人より、所得が高く、高学歴で、健康な傾向があります。こうした要素は、子供がいる人たちを幸せに感じさせます。そのため、所得や学歴、健康状態などの影響を除いて分析をすると、子供がいる人の幸福感は、いない人よりも少し低いくらいで、両者にさほど差がなかったのです。もちろん、違いも見られます。子供のいる人のほうが、日々、より多く喜びを感じる一方、より多くのストレスも感じていました。しかし、結果的には、ほぼプラスマイナスゼロということになるわけです。

子供を幸せにする子育て

子育てには、親への影響だけでなく、子供への影響もあります。子育てと子供の幸せについても、いくつかのことが分かっています。

まず、親が、家庭で子供と穏やかに過ごす時間が増えれば、子供によい影響がありま す。幼少期に親がストレスを抱えていると、その後、子供の遺伝子まで影響を受けてしまいます。[36] この時、子供の年齢によって、遺伝子への影響力が違います。**2歳前後までの幼児であれば、母親のストレスが、保育園や幼稚園の時であれば、父親のストレスが大きく影響します。**もし、ストレスの原因が仕事であれば、家庭に入ることも選択肢となるでしょう。親がストレスから解放されれば、子供の幸福感が増進する可能性があります。

また、母親が8か月の乳幼児に愛情をそそぐと、子供のその後の人生によいことが知られています。[37] 追跡調査で平均年齢が35歳になっていた子供たちを検証したところ、**愛情を多く受けた子供は、少ない愛情や通常の愛情を受けた子供より、不安や敵意などの苦痛を感**

図表1-7　結婚や子供＝幸せの図式

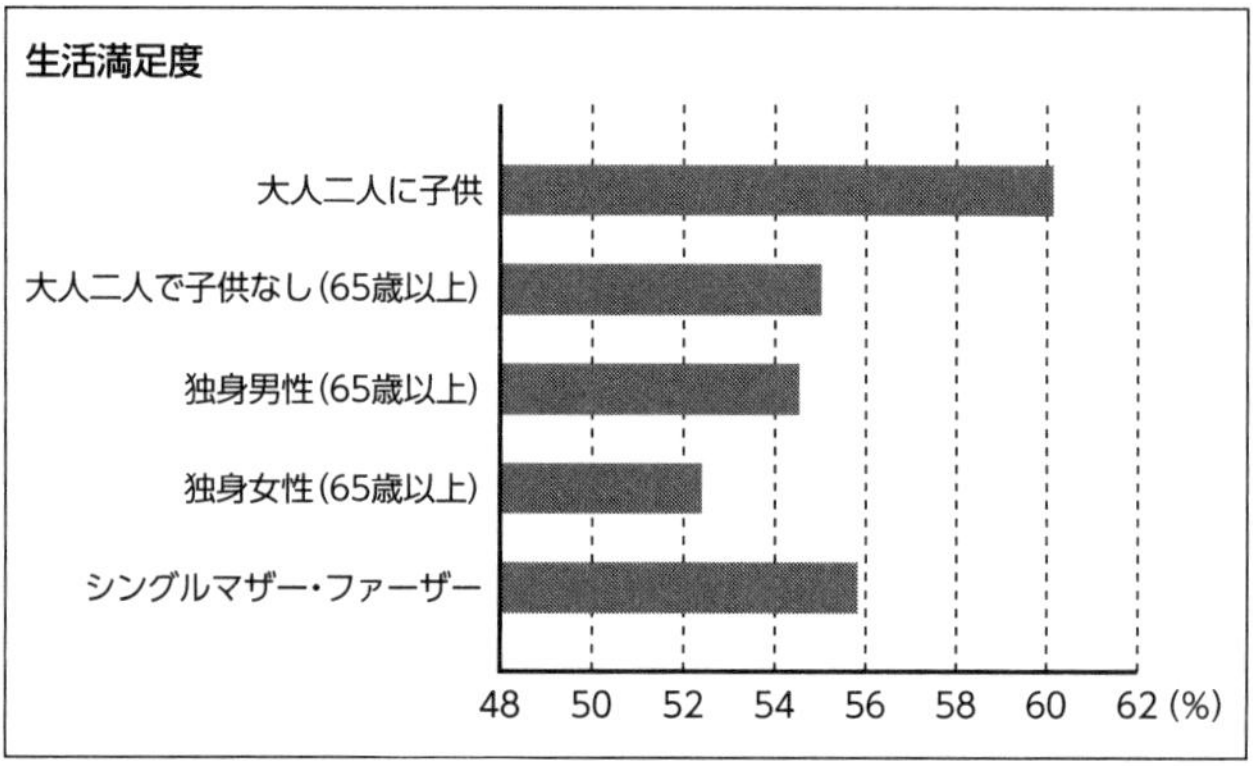

(Eurostat統計ブック『人生の質』2015年版「第9章　全体的な生活満足度」[図5 2013年EU28の世帯別生活満足度]のデータより筆者作成)

じていることが少なかったのです。共働きであれば、就学前の子供を保育所などに預けることも多いですが、こうした施設での世話の質が高くないと、子供の情緒や認知面がうまく発達しないことになります。

本節では、キャリア、結婚、子育てという観点から、幸福感について見てきました。世界的に見ても、「結婚や子供＝幸せ」の図式が示されています。世帯別にみると、大人二人に子供がいる世帯は、高い幸福感を感じています。一方、65歳以上の男性や女性の一人暮らしは幸福感が低くなっています。また、シングルマザーやファーザーでも、子供がいるほうが、一人暮らしの世帯よりも、幸せに感じています。[38]

しかし、幸せになるために、人生でどのような選択をすればよいかを示すのは難しいことです。重心をキャリアから家庭に移すと、働く機会の喪失や子育ての苦労によって、幸福感が低下するかもしれません。一方で、社会的な競争（精神的な重圧）から解放され、結婚による幸福感を享受できる可能性があります。また、子育ては大変でも、温かい家庭を築ければ、人との結びつきを強く感じられます。すべての要素を総合して勘案しないといけません。結局、人それぞれ。自分にとって、何が一番大事なのかを見極める必要があります。

もちろん、こうした判断は簡単なものではありません。ただ、生き方について自分なりの価値観を持っていると、人生の節目における判断の手助けになるはずです。人生の価値観の重要性については、本書の後半で改めて議論します。

■まとめ

①女性の社会進出が遅れている日本では、男性より女性のほうが幸せ。
②女性の社会進出が進んでいる国で、女性が幸せに感じなくなっている。
③幸せな人は結婚をする傾向（幸せ→結婚）。

④結婚をすると幸せになる（結婚→幸せ）。
⑤専業主婦・主夫の生活満足度のほうが、共働きのそれよりも高い。
⑥似た者同士ほど、結婚によって幸せになる。
⑦夫が妻の最良の友ならば、妻の幸福感は大幅に増進する。
⑧結婚生活の安定には、ネガティブ発言1回に対し、ポジティブ発言を5回以上する。
⑨良好な男女関係の維持には、悪いニュースよりも、よいニュースへの反応が重要。
⑩結婚生活に満足している人は、友人やパートナー自身の評価より、パートナーを高く評価。
⑪2歳前後までの幼児であれば、母親のストレスが、保育園や幼稚園の時であれば、父親のストレスが、子供の遺伝子に影響する可能性がある。
⑫愛情を多く受けた子供は、不安や敵意などの苦痛を感じにくい。

5　性格と健康の関係で見る幸せ――心身一如

なんとなく体調不良は要注意

健康は、幸福感を左右する重要な要因です。年齢や性別にかかわらず、身体的な健康は、幸福感と関係があります[39]。また、実際の健康状態はもちろんのこと、**健康だと思っている人ほど幸せに感じます**。自己の健康評価と幸福感の相関は、健康診断の結果と幸福感の相関よりも強いのです。こうした結果は、多くの国において当てはまります。

自己診断が重要な理由として、医療検査では健康状態が完全に把握できないことが指摘されています。身体に明白な症状が表れてなくても、自己診断では病気の兆候を感じ取ることができます。たとえば、病気の危険があるコレステロール値の高い人ほど、幸せに感じていません。潜在的な病気の兆候が、幸福感の低下として表れているのではないかと言われています。こうした可能性は、ストレスからくる疾患にはよく当てはまります。

もちろん、物事をどのように感じるかには、性格も関係があります。そこで、性格と健康という観点から、幸せの感じ方について見てみましょう。

病気で亡くなる確率の低い性格

自信があって、楽観的な人ほど、幸せな傾向があります。自分の力で状況を変えられると考える人は、あまり不幸に感じません。こうした人は、「統制感がある」と呼ばれます。一方、失敗するかもしれないと、悪い方向に考えがちな人は、幸せを感じにくくなります。途中であきらめて、努力を止めてしまい、なかなか自分の目標を達成できないからです。

生きていれば、いろいろなことがあります。時には自分の力ではどうにもならないこともあるでしょう。打ちひしがれ、希望を失くしてしまうかもしれません。すると、再び、困難な出来事に遭遇した時に、簡単にあきらめてしまいます。こうした状態を「学習性無力感」と言います。頑張ってもムダだと学習してしまうのです[40]。

無力感は、将来の機会を逃すだけではなく、健康も損ないます。統制感が弱い人は、平均的な人より、心筋梗塞や狭心症のような心血管疾患で亡くなる確率が高い一方、統制感が強い人は、その確率が低くなっています。**自分の力で何とかなると思う人ほど、病気で亡くなる可能性が低いのです**。ただ、面白いことに、自分の力ではどうにもならない困難を経験した後、すべての人が無力感に陥るわけではありません。実験によると、約三分の一は、無力感を感じません。また、約十分の一は、最初から無力感を感じていました。

学習性無力感とモノの見方には関係があります。無力感を感じない人は楽観的です。困難は一時的で、やがて過ぎ去ると考える人です。一方、無力感に陥りやすい人は、悲観的に考えます。つまり、楽観的な人ほど、心血管疾患による死亡率が低いことになります。

楽観的な人が病気になりにくい理由として、いくつかの可能性が指摘されています。悲観的な人より、感染症と戦う免疫系が強いことです。また、ストレスがあると血をドロドロにするような成分が生成されますが、楽観的な人のほうが、その生成が少ないことも分かっています。楽観的な人は、医師の指示にもよく従うのに対し、悲観的な人は、医師の言うことをあまり聞きません。やってもムダだと試さないのです。

ただ、楽観的になれば、心血管疾患を予防できるかどうかまでは分かっていません。また、がんとの関連も不明です。楽観的な人は、がんになる危険が低い可能性があります。しかし、悲観的な人が、がんになりやすいとまでは言えないのです。

健康で幸せな人は長生き

楽観的な人は、幸せな傾向にあります。そこで、幸せな人が病気になりにくいかどうかを検証したところ、幸せは身体的健康を促進していました[41]。その理由として、幸せな人ほど健康に気をつけていることが考えられます。運動をしたり、お酒やタバコを控えたりして、十分な睡眠をとっているのです。また、慢性的に幸せでないことは、本書の後半で触れるように、ストレスホルモンの分泌を促し、長期的には健康を害してしまいます。

さらに、**健康で幸せな人は、寿命が7・5年から10年長くなっています**。この結果は、幸福感が病気を防ぐ可能性を示唆しています。ただ、幸福感が重篤な病気を回復させるとまでは言えません。また、病人の場合には、幸福感が寿命に与える影響は、研究によってさまざまで、不治の病や虚弱な超高齢者（寝たきり老人）の場合には、むしろネガティブな影響も報告されています。今のところ、幸せが身体的健康を促進するメカニズムについては、完全に解明されているわけではありません。

本節では、心と体の関連について見てきました。このトピックをわざわざ扱った意図は、本書後半で認知行動療法に関連した箇所を読まれる時に明らかになります。

■まとめ

①健康だと思っている人ほど幸せに感じる。
②コレストロール値の高い人ほど、幸せに感じない。
③統制感がある人は、不幸を感じにくい。

④楽観的な人は幸せな傾向。
⑤統制感がある人ほど、心血管疾患による死亡率が低い。
⑥楽観的な人ほど、心血管疾患による死亡率が低い。
⑦幸せな人は病気になりにくい。
⑧健康で幸せな人は、寿命が7・5年から10年長い。

6　幸運は自分で切り開く——幸運な人の特徴[42]

幸運な人は幸せな人

幸せ（happiness）の語源は、運や偶然（hap）です。幸運な人は、そうでない人に比べて、人生の満足度が高くなっています。人生全般だけでなく、家族、経済状況、健康、仕事などの個別の質問に対しても、高い満足度を示します。幸運は、幸せと関係あるのが分かります。ただ、幸運を幸せと関連付けてよいのかと、思われるかもしれません。ちょっと幸福学をかじった人であれば、幸運は必ずしも幸福と同義でないという話を耳にするからです。[43] その時、幸運の例として挙げられるのが宝くじです。前述のように、宝くじに当たった人は必ずしも幸せになっていません。

しかし、本節の焦点は違います。ランダムに決まる宝くじの当たり外れ自体は、私たちが影響を与えられません。ここでは、私たちが変えられることを見ていきます。つまり、幸運な人の性格に照らし合わせて、どのような人が自ら運を引き寄せているかを見ていくのです。そして、**幸運な人に見られる特徴は、幸せな人の特徴と似ている点が多い**ことに気がつかれるでしょう。本節の要点は、幸運な人の思考体系には特徴があり、それが幸せを呼び込むような好循環をもたらしていることです。

お話を進める前に、本節における幸運な人をきちんと定義しておきましょう。幸運かどうかは、ハートフォードシャー大学の心理学者ワイズマンによる「運のスコア」によって決められます。運のスコアは、二つの質問への回答から計算されます。

最初の説明――幸運な人は、偶然の出来事が、自分に都合よく進んでいると感じている人です。賞に当選することが多く、困った時にはなぜか助けてくれる人がよく現れたりします。運がよくて、夢や目標が実現します。この説明が、よく自分に当てはまっていれば7を、全然当てはまらない場合には1を選びます。

次の説明――不運な人は、偶然の出来事が、悪い結果になると思っている人です。賞には当選しないし、自分に過失がないのによく事故に遭います。恋愛でもうまくいかず、人生何をやっても悪いことばかりです。この説明が、よく自分に当てはまっていれば7を、全然当てはまらない場合には1を選びます。

最後に、幸運な人の説明への回答から不運な人の説明への回答を引いた数字が、運のスコアになります。最初の回答が6、次の回答が2であれば、運のスコアは4（＝6－2）です。このスコアが3以上であれば幸運な人、マイナス3以下であれば不運な人とします。

すでにお気づきかもしれませんが、単純に宝くじに当たったり、不慮の事故に遭ったりするかで、幸運かどうかと言っているわけでなく、どのように人生をとらえているかで、幸運を判断するわけです。こうしたアプローチは、前述の健康と自分で思っている人や自分を魅力的だと思っている人ほど、幸せであった議論と似たものになっています。

ビッグ5に見る幸運な人の特徴

幸運な人には、いくつかの特徴があります。まず、幸運な人は、偶然の出会いやチャンスに恵まれています。また、夢や目標が実現しやすく、逆境をチャンスに変える力があります。さらに、無意識のうちに正しい選択をしています。一方、不運な人は、その反対です。

では、運がよいのは、どのような人でしょう。通常、私たちの考え方や行動には、性格が反映されています。チャンスをものにできる人を、そうでない人と比べると、性格に違いがあります。心理学では、性格は五つの特性（「ビッグ５」）で説明されますが、どの特性が幸運と関係あるのでしょうか。ワイズマンによる分析を見ていきましょう。

①「**外向性**」

幸運な人は、外向性があります。人付き合いに積極的で、人を引きつける魅力があります。インタビュー映像の音声を消して検証したところ、幸運な人は、話し相手に自分の体を向け、腕や足を組んでいませんでした。心理学的に相手を受け入れている動作です。また、笑顔やアイコンタクトを頻繁に行い、相手に関心を示して聞き上手です。さらに、その場だけではなく、連絡を取り続けて、対人関係の持続に努めています。

②「**開放性**」

幸運な人は、好奇心が旺盛です。行ったことのない場所、食べたことのないメニューなど、新しいことを受け入れるのに躊躇《ちゅうちょ》しません。そして、その経験に喜びを感じます。しかし、不運な人は、変化を好まず、いつもと同じであることに安心します。

つまり、幸運な人は、人付き合いがうまく、初めての人やモノにも関心を示します。

こうして、自然と人脈が広がり、チャンスにも出会いやすくなるわけです。

③「情緒安定性」

幸運な人は落ち着いています。このため、チャンスが巡ってきたとき、気がつきやすくなります。特に、目の前にあるものを落ち着いて見ており、自分が欲しいものだけに注意を向けるわけではありません。人は欲しいものだけに目を奪われると、落ち着きをなくします。たとえば、心理学の実験で、コンピューター画面の中央にある模様の動きを注視すれば、実験終了後に高額な謝礼をもらえると言われたとします。すると、画面の端で、模様がときどき点滅しても、三分の一以上の人が、その点滅に気がつきません。一方、謝礼がなく、単に中央の模様を観察せよという指示であれば、ほとんどの人が画面の端の模様にも気づきます。

こうした姿勢には、報酬だけでなく、人との出会いも含まれます。合コンや婚活パーティーでは、理想の人を年収○○万円以上と決め打ちして、条件の合わない人と話をしない人は、知らないうちに良縁を逃している確率が高くなります。幸運な人は、あらかじめ決めつけて、それにこだわることをしません。許容範囲が広いので、落ち着いて判断できます。このため、たまたま巡ってきたチャンスに気がつきやすくなるのです。

図表1-8　幸運な人の性格

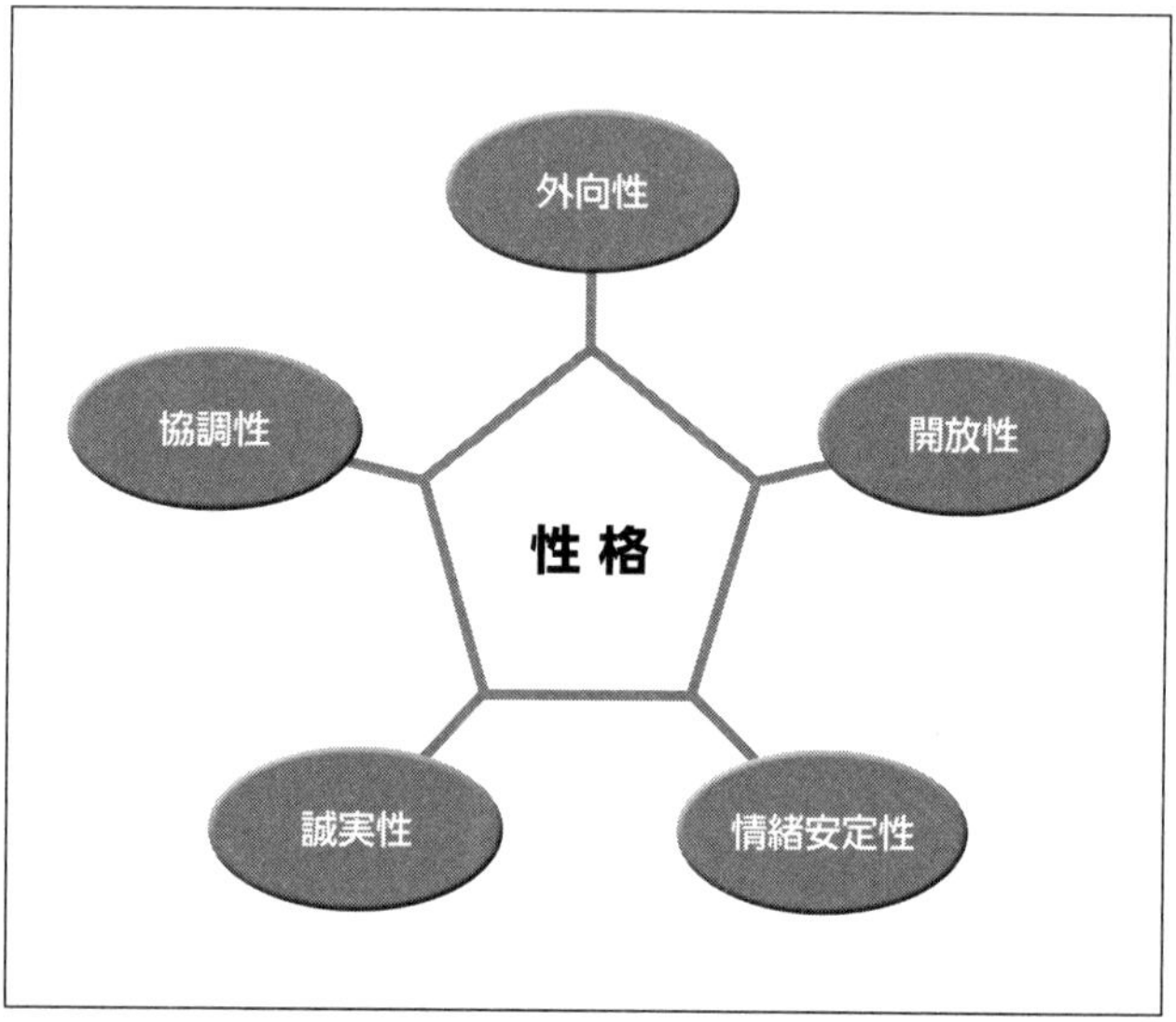

心理学で、性格は五つの特性で説明される（ビッグ5）。外向性、開放性、情緒安定性（神経症的傾向）、誠実性、協調性の五つ。

外向性	社交的、積極的	○幸運と関係あり
開放性	好奇心旺盛	○幸運と関係あり
情緒安定性	落ち着き、不安のなさ	○幸運と関係あり
誠実性	自制心、意志の強さ	×幸運と関係なし
協調性	共感、思いやり、利他的（人を助ける）	×幸運と関係なし

（ワイズマン［2004］より、筆者作成）

④「誠実性」と⑤「協調性」

幸運な人と不運な人で、変わらない特性もあります。幸運な人のほうが協調的だとか、自制心が強いとかいうわけではありません。つまり、チャンスに恵まれているのは、他人の手助けをするため自分も助けてもらえたり、意志が強かったりするわけではないのです。むしろ、社交的で、いろいろなことに興味を示し、リラックスして生きています。そうした性格のほうが、チャンスを引き寄せているわけです。

幸運な人は、こう考える

性格だけではありません。幸運な人は、不運の人とは対照的な考え方をします。このため、幸運な人は、夢や目標が実現しやすくなります。将来の期待度を調査したところ、いくつかの特徴が見られます。まず、**幸運な人は、明るい未来を予想します**。年をとっても、自分はまあまあ健康だろうとか、今は一人でも、いつか理想の人と巡り合えると思っているのです。また、**幸運な人は、不幸な出来事に遭遇しても、一時的なものだと考えます**。そして、将来も幸せが続くと期待します。一方、不運な人は、幸運な出来事に巡り合っても、逆に不安になり、すぐに不幸な状態に戻ると考えてしまいます。

幸運な人の夢や目標が実現しやすいのは、将来へのポジティブな期待です。どのように

図表1-9　幸運な人の思考

幸運な人	不運な人
楽観的・ポジティブ	悲観的・ネガティブ
明るい未来を予想	暗い未来を予想
不幸は一時的とする	幸運は一時的とする
他人に好意的な期待	他人へ期待しない
努力する、あきらめない	努力しない、あきらめる
自信家　直観を重視	迷信に頼る

（ワイズマン[2004]より、筆者作成）

将来を見ているかは、私たちの思考、感情や行動を変えます。よい期待を持てば持つほど、夢や目標に向かって行動を起こします。しかし、どうせダメだろうと思って挑戦しなければ、何も起こりません。加えて、**幸運な人は、目標に向けて努力もします**。一度や二度、失敗してもあきらめません。いつかはうまくいくと期待しているからです。一方、不運な人は、すぐにあきらめてしまいます。つまり、将来へのポジティブな期待は、やる気を生み出しています。自分の人生を、自らコントロールしようとする意志と言ってもよいでしょう。そして、実現の可能性が低く思えることにも、果敢に挑戦する結果、夢や目標を実現しているのです。

幸運な人は、未来を予知する能力があるわけではありません。宝くじの当選番号を予想してもらった実験では、幸運な人と不運な人とでは、当選確率に差はありませんでした。また、幸運な人の知能が高いわけでもありません。運のよさと知能テストの間にも、関係が見られませんでした。ただ、**幸運な人は自信家です**。前述の宝くじの実験で、幸運な人は、不運な人に比べて、宝くじを当てる自信が2倍以上もありました。もちろん、本人の気持ちは宝くじの当選結果に影響を与えません。

しかし、人生の出来事には、本人の気持ちが結果を左右することも多くあります。**幸運な人は自らチャンスを生んでいます**。その考え方や行動が、チャンスを引き寄せているのです。宝くじに当選した人は何度も買っています。また、一度外れてもあきらめません。買い続けた結果、本当に宝くじに当たるのです。

幸運な人は、未来志向

将来への期待は、夢や目標の実現だけではなく、健康面でもよい影響があります。明るい未来を予想する人は、暗い未来を予想する人より、がん、心臓疾患や事故による死亡率が低くなっています。不運な人は、不安に感じる傾向があるため、免疫機能が低下したり、注意力が散漫になったりするからだとされています。

好意的な期待を持つことは、対人関係にもよい影響があります。知らない人と会う場合でも、相手が親切で楽しく、よい人だと期待します。すると、明るい気分でその人と接することができて、相手も自分に好印象を持ってくれます。その結果、会話も弾み、ますます親しくなるという好循環が生まれます。男女のお見合いでは、こうしたことがよく起ります。同じ人と話すにもかかわらず、最初のイメージの影響で、最終的な評価が分かれてしまうという実験報告があるのです。就職面接でも同様です。人事担当者が同郷とか同窓などの理由で親しみを持つと、応募者は面接で友好的にふるまうので、リラックスしてうまく応答できます。その結果、出来レースでなかったにもかかわらず、その応募者は本当に高い評価を得ることになります。**幸運な人は、相手に好意的な期待を持つことによって、人間関係を円滑に進めている**のです。

さらに、幸運な人の考え方には、不運も幸運に変えてしまう特徴があります。**幸運な人は、不運な出来事にあっても、よいところを探します**。最悪の結果を想像し、それに比べればまだましと考えるので、交通事故で足を骨折しても、命が助かってよかったと思うのです。このように、気持ちをうまく切り替えられると、運気が戻ってきます。また、不運な人と比べて、自分のほうが恵まれていると思えます。そして、一見、不運に見える出来事でも、長い目で見ると幸運をもたらすと考えているのです。

また、**幸運な人は、失敗から学びます**。あきらめず、いろいろな解決策を模索して、学びながら成長します。運を変える努力をしているのです。一方、不運な人は、失敗から学ばず、同じ失敗を繰り返します。あまり努力をせず、迷信に頼ったりしがちです。

私は、指導する学生のみなさんに、就職活動の日記をつけてもらっています。残念ながら、最初から思い通りにいく学生はほとんどいません。大概、面接で痛い目に遭います。ただ、納得のいく就活を終える人とそうでない人には、違いが見られます。就活をやりきったと感じる学生には、日記の途中から変化があるのです。面接で何回か失敗すると、自分なりにいろいろ考え始めます。志望業種が合っていないと感じ、応募企業を変えてみるとか、面接でうまくいかない理由を考え、応答の仕方を調整したりします。こうして就活を終えてから振り返ると、試行錯誤は大変だったけど、勉強になったと感じています。一方、不完全燃焼のまま就活を終える人は、がっくりと落ち込んだまま、気分の切り替えができません。また、自分の行動を振り返り、反省することもありません。このため、似たような失敗を繰り返して、後悔だけが残っています。

こうしてみると、**幸運な人は、未来志向なことが分かります**。過去の不運な出来事を引きずりません。このため、幸運な人は、上昇気流に乗ります。ポジティブな出来事に目を向けると、楽しくなります。楽しい気分であれば、よいことを思い出しやすくなります。自分の幸運を感謝でき、より明るくなるのです。

最後に、幸運な人は、対人関係や進路の選択など、重要な判断を迫られると、不運な人より、直感に頼る傾向があります。私たちは、これまでの経験によって、自分なりのルールを無意識に作っています。直感は、そのルールに基づいて下した判断である可能性があるわけです。こうした判断は、往々にして正しく、幸運な人は、不運な人より、この能力が高いわけです。幸運な人を調査すると、瞑想など直感を高めるとされる方法を、積極的に実践しています。

まとめ

①幸運な人の特徴は、幸せな人の特徴と似ている。
②幸運な人は、外向性があり、好奇心が旺盛で、新しいものが好き。
③幸運な人は、落ち着いている。
④協調性や自制心は、幸運と関係ない。
⑤幸運な人は、明るい未来を予想。
⑥幸運な人は、不幸な出来事も一時的だと考える。
⑦幸運な人は、目標に向けて努力する。

⑧幸運な人は、自信家。
⑨幸運な人は、自らチャンスを生む。
⑩幸運な人は、相手に好意的な期待を持つことで、人間関係を円滑に進めている。
⑪幸運な人は、不運な出来事でも、よいところを探す。
⑫幸運な人は、失敗から学ぶ。

第2章　幸せとは目指してつかむもの？

1　危機に対する防衛本能――闘争・逃走反応

ストレスに反応する本能的な機能

人間は進化する過程で自らを守る機能を発達させてきました。しかし、皮肉なことに、その機能が現在の私たちを悩ませています。それはどういうことなのでしょうか。

太古の昔、人間が生きることは容易ではありませんでした。人間はさまざまな天敵に囲まれ、捕食される危険もあったからです。みなさんも猛獣と遭遇したところを想像してください。きっと生きた心地がしないに違いありません。ハッとして、その後にくる恐怖。怖い……死にたくない……。生き残るにはどうしたらよいでしょう。そう、目の前の敵を打ち倒すために闘う（闘争）か、捕まる前に一目散に逃げる（逃走）かしかありません。

こうした生命の危機に対して、体は反応して、闘ったり逃げたりするための準備をしてくれます。ドキドキするのもその一つです。心拍数が増え、血圧が上がって、運動機能が活性化します。エネルギーを体に供給するため、血糖値も上がります。生存のための自己防衛の働き。なんとよくできた機能でしょう。

こうした本能的な働きが、現代社会に生きる私たちの心や体の問題と関連しています。職場の人間関係などのストレスは、その一例です。相性の悪い上司からの度重なる叱責や、仲の悪い同僚からの陰口は悩ましいものです。想像しただけで、体がほてりだした方もいるかもしれません。こうした精神的重圧は、物理的に私たちの身体を傷つけて、生命の危険を及ぼすことはありません。しかし、生存のための防衛機能が働き、そうでない機能は一時停止します。緊張しなくてもよい場面で、身体が戦闘態勢の準備をしてしまうわけです。

闘争・逃走反応が起こす健康問題

脅威や恐怖などの**精神的重圧を感じると、脳の扁桃体《へんとうたい》が反応し、**無意識に瞬時の反応をします。すると、脳の各所に指令を出し、**「ストレスホルモン」と呼ばれる物質を分泌します。**ストレスホルモンは血流にのって全身の臓器に行き渡ります。その結果、心臓であれば、心拍数が増え、血圧が上がります。また、「扁桃体」から自律神経へ指令が伝わると、血管が細くなり血圧が上がります。

ストレスホルモンの一つに、腎臓の上にある副腎で生み出される「コルチゾール」があります。ストレスを受けた場合、エネルギー供給のため血液中の血糖値を上昇させたり、交感神経を刺激して血圧を上昇させたりします。糖などの代謝や血圧の調整を行って、ストレスに対処する大事な役目を果たしているわけです。

このコルチゾール、**慢性的なストレスにさらされると、脳を変えてしまいます**。絶え間ないストレスによりコルチゾールの分泌が続き、過多に分泌されると、脳が変化します。たとえば、慢性的なストレスにより、記憶に関係している「海馬《かいば》」の神経細胞が破壊され、萎縮することが分かっています[1]。こうした脳の変化は、精神的な障害とも関連が指摘されており、うつ病患者では海馬の萎縮が見られています。

ストレスの影響は身体にも現れ、**いろいろな病気の危険が高まります**。よく言われるのは心臓病です。慢性的なストレスにより、血液中のコルチゾール値が一日中あまり変わらない人は、一時的なストレスを受けるだけの人（コルチゾール値が減っていく人）より、心血管疾患（心臓と血管の病気）による死亡リスクが高くなります[2]。

また、慢性的なストレスにより、糖尿病の発症リスクも増えます。コルチゾール、アドレナリン、グルカゴンなどのストレスホルモンにより、血糖値が増えるためです。血糖値が高い状態が続くと、血管が傷つきやすくなります。このため、10年前後の期間で見ると、職務ストレスの強い人は、そうでない人より、二型糖尿病になる危険が45%も高くなります[3]。さ

図表2-1　扁桃体と海馬

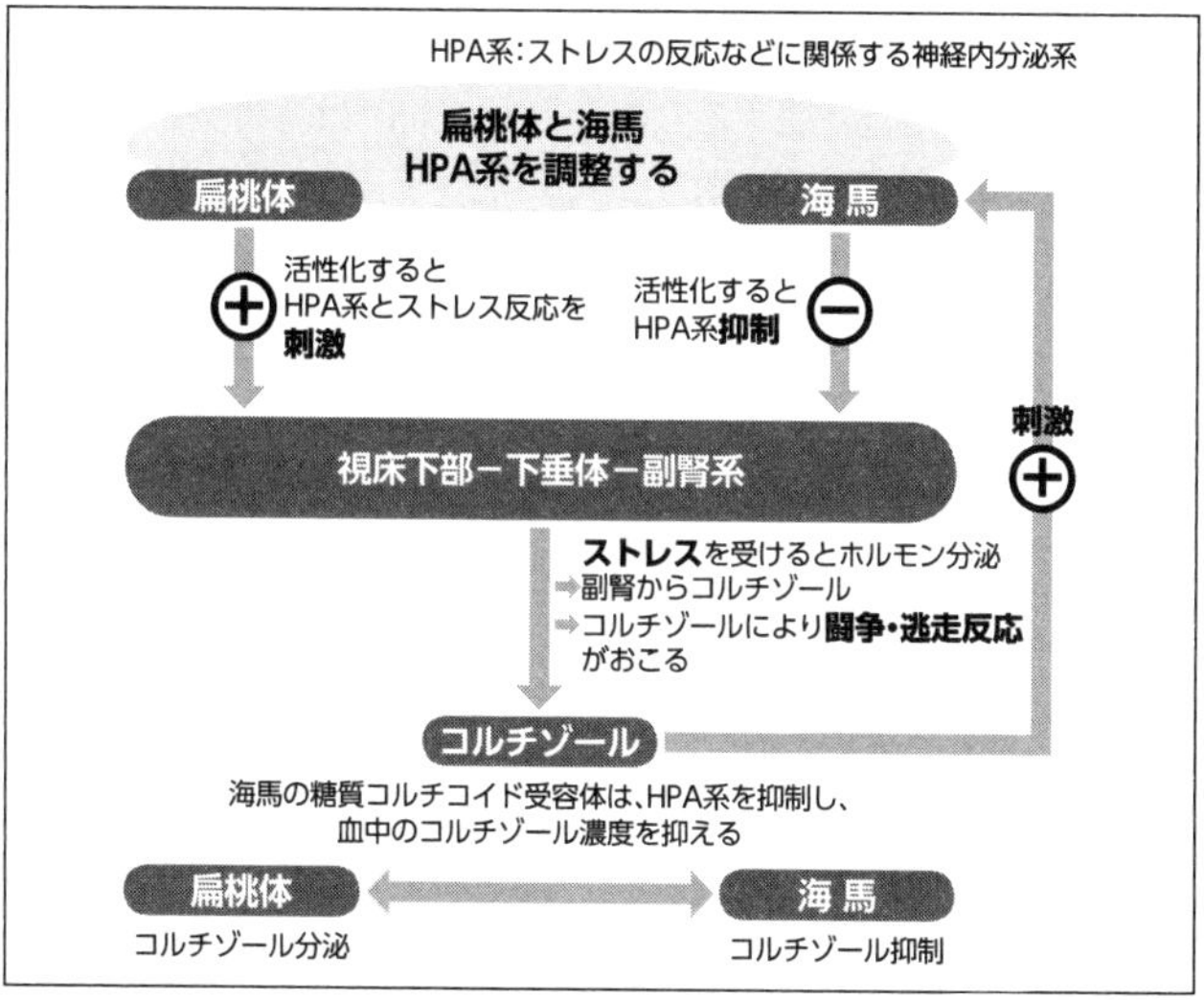

（浅川伸一[2008]「脳の科学 第9回」図3を参照のうえ、筆者作成）

らに、肺塞栓症《はいそくせんしょう》（エコノミークラス症候群）、脳梗塞《のうこうそく》や心筋梗塞になる危険も増えます。血中のストレスホルモンの値があがると、血液が固まりやすくなり、固まった血液が詰まってしまうからです。

　慢性的なストレスは、がんの危険も高めます。ストレスホルモンの分泌が増えると、ATF3という遺伝子が反応します。ATF3は、がんの転移を拡大する骨髄細胞において制御的役割を果たしていると考えられています。[4]しかし、ストレスによりATF3が反応すると、免疫細胞ががん細胞の増殖を抑える作業を止めてしまいます。ストレスホルモンの分泌が減ると、免疫細胞はまた働き出します。

重篤な症状を起こす病気以外にも、慢性的なストレスに悩まされている人は風邪《かぜ》をひきやすくなります。健康な実験参加者に呼吸器ウイルスを含んだ点鼻剤を投与したところ、ストレス水準が高い人ほど、風邪になりやすかったのです。ストレスと風邪感染の関係については、年齢、性別、体重、学歴、アレルギー体質だけでなく、自尊心、自制心、内向性や外向性といった性格の影響を調整しても変わらないとされています。[5]

このように、ストレスに対して闘争・逃走反応が起こると、いろいろな問題を引き起こします。昔は生存のための大事な防衛機能でしたが、現代社会では、むしろ弊害のほうが大きくなっているのです。精神的なストレスを、生命の危機と勘違いして、かえって健康を損ねる原因となっているからです。ストレスの多い現代社会では、過敏に闘争・逃走反応を起こさないことが、重要な課題になります。そこで、慢性的なストレスへの対策として、ストレスを溜め込めない工夫（次節）や扁桃体の活性化を抑える工夫（第3章　マインドフルネス）を見ていきます。

■まとめ

①慢性的なストレス→脳の扁桃体が反応→ストレスホルモン分泌→脳や身体への悪影響。
②身を守るための本能的な働きが、心や体の問題と関連。
③慢性的なストレスにより、脳が変わる。
④慢性的なストレスにより、心血管疾患による死亡リスクが増加。
⑤慢性的なストレスにより、糖尿病の発症リスクも増加。
⑥慢性的なストレスにより、がんの危険も増加。
⑦慢性的なストレスにより、風邪をひきやすくなる。

2 ストレスを溜め込まない対処法——科学のお墨付きの気分転換

心身をリフレッシュさせる運動

ストレスを溜め込むことは心身によくないので、適宜、気分転換するのが理想です。世の中では、いろいろな気分転換の方法が提唱されており、なかには趣味と関連するものも多くあります。そこで、一般的な方法をいくつか取り上げ、その効能について科学的検証の結果を見てみましょう。

ストレスの解消には、運動がよく知られています。体を動かすと、気分がスッキリして、やる気が出てきます。こうしたリフレッシュ効果は、科学的にも証明されています。定期的に運動を行うことで、より活力を感じるようになり、疲弊感が緩和されるのです。[6]

3週間以上にわたる定期的な運動の効果は、多くの論文（検証した70のうち66の論文）で認められ、その効果は、検証が行われた2000年代初頭の認知行動療法や薬物治療の効果よりも高いとされています。ただし、定期的な運動だけでは、定期的な運動以外の治療と組み合わせた効果よりも弱いことが指摘されています。他の方法と組み合わせることで、よりよい効果が得られるようになります。

定期的な運動は、精神衛生上も好ましいことが分かっています。デューク大学の心理学者ブルメンタールらによると、運動は薬と同等の効果があります。うつ病患者を運動グループと投薬治療グループに分け、16週間にわたるエアロビクスを行ったところ、運動グループの患者の症状は、抗うつ薬による治療と同じ改善効果がありました。抗うつ薬のほうが早く治療効果が表れますが、運動だけでも落ち込んだ気分を緩和します。また、治療開始の時点でうつ状態がひどくない場合には、運動と投薬を組み合わせて治療すると、うつ状態がひどい患者より、症状の改善が速く表れました[7]。軽度のうつ状態であれば、投薬に頼るだけでなく、運動で改善できることもあるわけです。

ストレスホルモンの分泌を抑える運動

運動はストレスホルモンの分泌とも関係があります。慢性的なうつ状態を改善し、**ストレスホルモンの分泌を抑えてくれる**のです。和歌山県立医科大学の研究者らによると、ジョギングによって、尿に分泌されているコルチゾールやアドレナリンの値が下がることが示されています[8]。あまりひどくないうつ状態の女性を、定期的な運動と通常の生活を行う二つのグループに分け、16週間にわたって運動の効果を検証した結果です（図表2－2）。

運動を行うグループ［1］は、週に5回、50分間の運動（そのうち、約30分は、それほど激しくないペースでジョギング）を8週間続けました。その結果、セスデーうつ病自己評価尺度で測られた実験参加者のうつ状態の症状は緩和し、心理的なストレス状態の程度を測るコルチゾールとアドレナリンの分泌も大幅に減りました。その後の8週間は通常の生活に戻ったところ、うつ状態が少しぶり返したものの、運動を始めた当初の状態に比べると、症状は改善されたままでした。

もう一方のグループ［2］では、最初の8週間は通常通りの生活を行ったところ、実験開

図表2-2　コルチゾールとアドレナリン分泌の変化

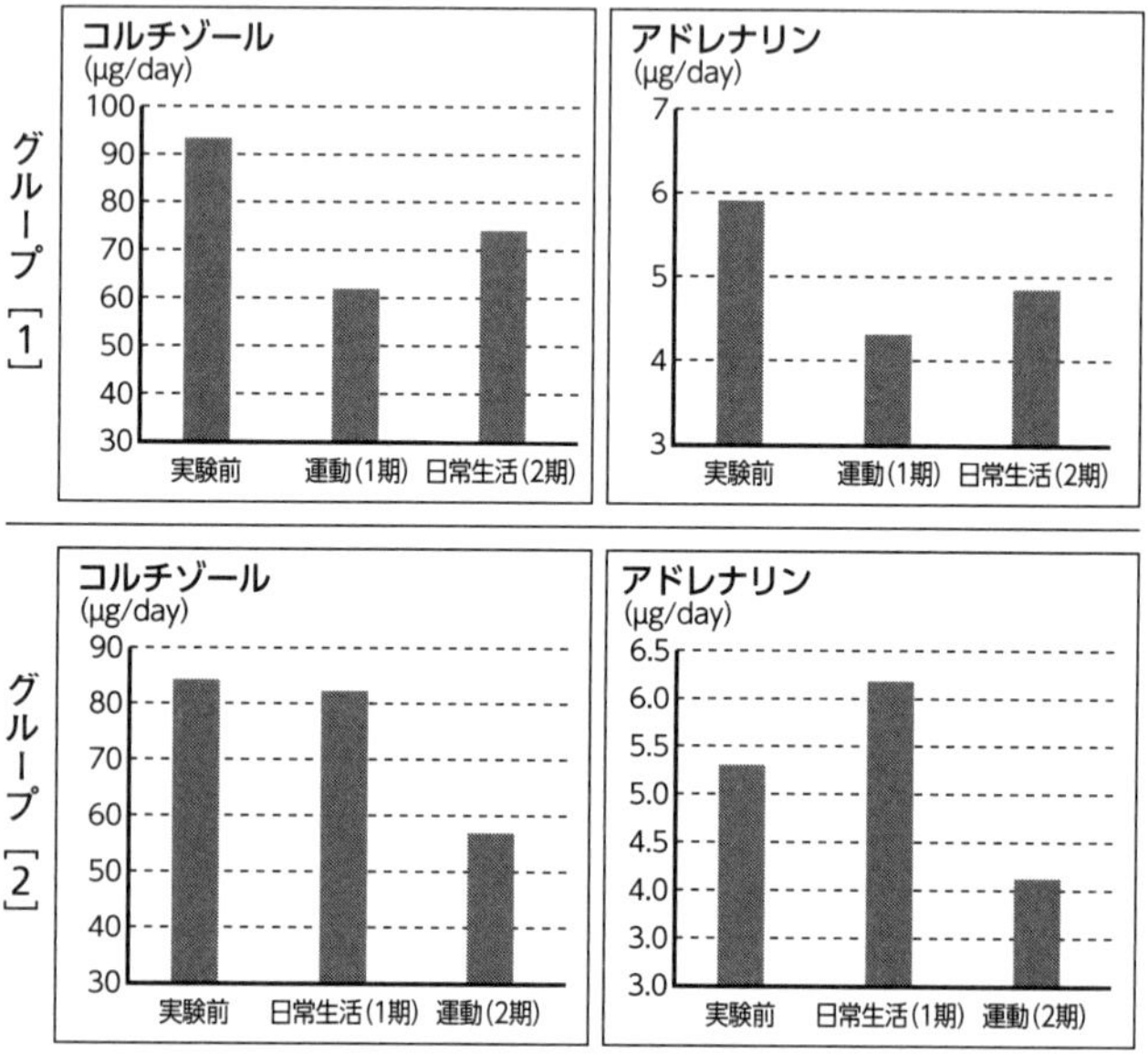

（Nabkasorn, et al.[2006]のデータより、筆者作成）

始前と後では、症状に変化はありませんでした。しかし、次の8週間には前述の定期的な運動習慣に切り替えたところ、うつ状態の改善だけでなく、コルチゾールとアドレナリンの分泌に大幅な減少が見られたのです。

運動で脳も変わる

運動によって変わるのは気分（精神面）だけではありません。**脳を変容させてストレスにうまく対処できるようになり、**健康を損なう危険が減ります。

自律神経は、機能的に、心身を興奮させる交感神経とリラックスさせる副交感神経に分けられます。この二つがうまくバランスして、無意識のうちに体の機能を調整しています。しかし、ストレスがかかると、自律神経のバランスが乱れて、交感神経が活発に働くため、体の機能調整がうまくいかなくなります。

そこで、運動の出番です。運動をすると、交感神経が過敏に反応しなくなるように、脳が変わります。高血圧症や心不全などの心臓と血管の病気は、交感神経の過剰反応と関連しているため、これらの病気の危険が減ることになります。ミズーリ大学コロンビア校の生理学者ミュラーによると、運動は脳内の心血管に関係する領域内にある神経細胞の活動を抑えて、交感神経刺激性を減らす可能性が示唆されているのです[9]。

また、**運動で脳が若返る**とも言われます。年をとると海馬が小さくなり、記憶障害を起こしたり、痴呆の危険が増えたりします。そこで、ピッツバーグ大学の心理学者エリクソンらは、運動による海馬への影響を比較しました[10]。痴呆でない老人を二つのグループに分け、週に3回、1年間にわたり、エアロビクス運動（介入群）かストレッチ（対照群）を行ってもらったところ、運動は、海馬を大きくし、空間記憶を改善していました。エアロビクスにより、海馬の容積が2％増えていたのです。これは、加齢に伴う1年から2年分

図表2-3　運動が海馬に与える影響

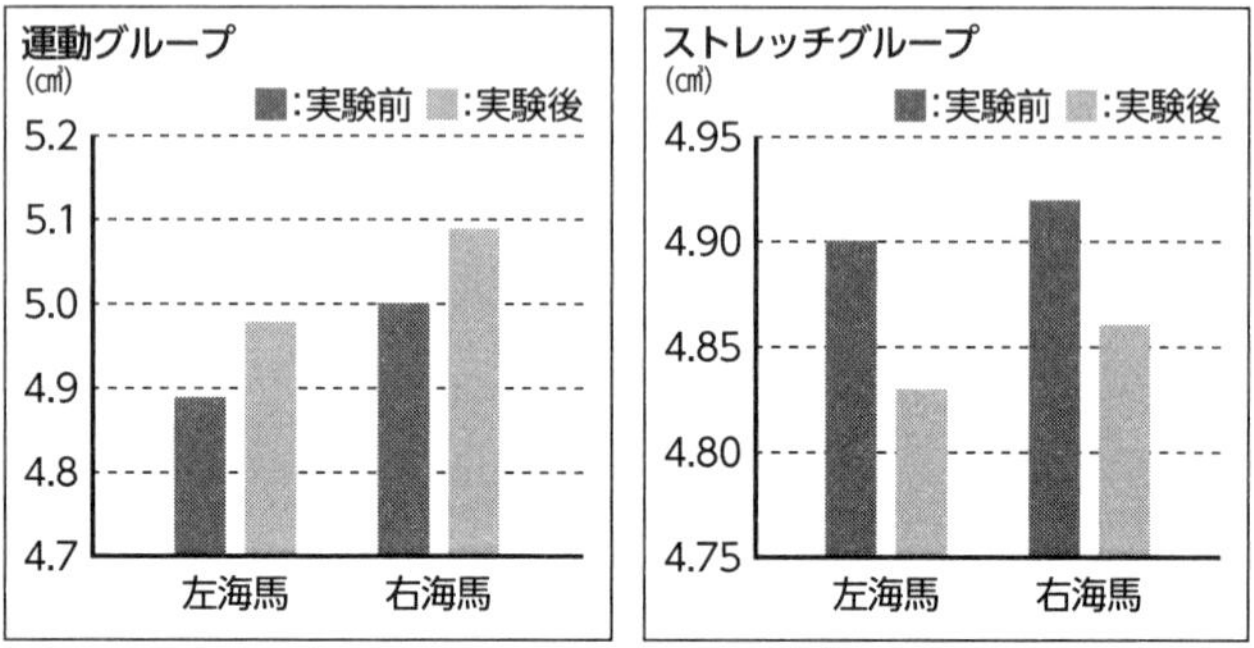

(Erickson, et al.[2011]のデータより、筆者作成)

の海馬の容積の減少分に相当します。かなりの改善です。一方、運動をせずにストレッチのみを行ったグループでは、海馬が縮小していました。

心が求める自然との触れ合い

ストレス解消には、体を動かすだけでなく、環境も大事な要因です。都市化によって自然と触れ合う機会が減ったことで、精神疾患が増えたという見解があります。そこで、運動と環境を組み合わせた自然散策の効果を検証したところ、**自然散策は精神衛生を健全に保ってくれることが分かりました**。たった90分間ですが、自然の中を歩いた人は、同じ時間、都市部で散歩した人に比べて、精神疾患の危険と関連している「反芻《はんすう》思考」や脳の部位の神経活動が抑えられていたのです。[11] 反芻思考とは、自分のネガティブな部分を繰り返し考えてしまうことで、精神疾患になる危険因子とされています。精神疾患の経験がない人を対象にしたこの研究結果は、都市での生活よりも、自然に囲まれた生活のほうが、精神的には好ましいことを示しています。

自然との関連でいうと、**園芸もストレス解消に役立ちます**。ストレスがある時に、園芸を行うと、気分が回復しコルチゾールの値が下がるのです。農業分野で有名なオランダのワーゲニンゲン大学のバーグらは、健康な人を二つのグループに分け、屋外で園芸を行うか、室内で読書を行ってもらって、その効果を比較しています[12]。

実験参加者は、まず、「ストループテスト」によってストレスを与えられます。これは、色名の単語が、表す色とは違う色で書かれている時に、実際に見える色名を言うテストで、たとえば、黄色で「あお」と書かれている場合には、「黄色」と答えるものです。テスト自体も面倒ですが、さらにイライラさせるために、嘘の情報によってこき下ろされます。テストの途中で、あなたの成績は同じ性別・年齢の人と比べると平均以下だとか、テスト終了後、実際よりも低い最終成績が表示されたりします。

こうしてストレスが生じた後に、それぞれのグループは30分間の活動を行います。園芸グループでは、雑草をとったり、種をまいたりするだけで、大きな枝を切るような重労働はしません。一方、読書グループでは、一般的な雑誌を読むのですが、自然に関する写真

図表2-4　園芸でコルチゾール分泌が減少

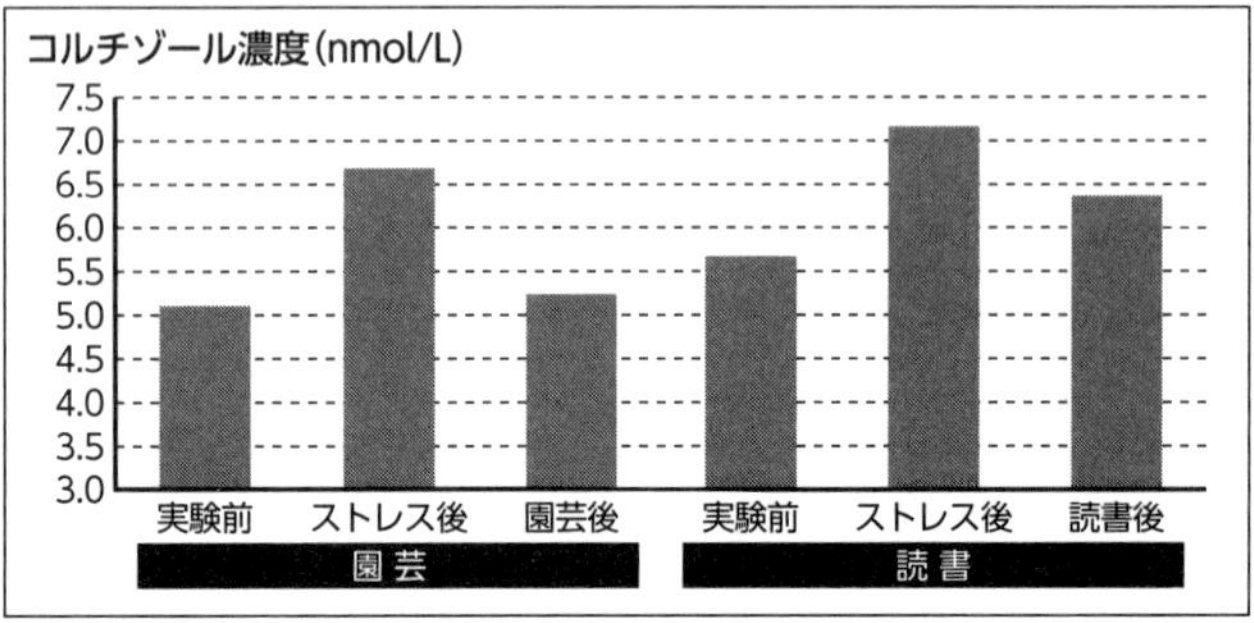

(Van Den Berg and Custers[2010]のデータより、筆者作成)

や記述がない雑誌が選ばれ、室内から自然の風景が見えないようにします。また、読書中は、人と話せません。ストループテストの後には、コルチゾールの値が高くなりますが、園芸によってどのような変化があるかを見るわけです（介入群）。一方、読書は休憩のようなものであり、園芸の効果を比較する時の基準（対照群）となります。

その結果、園芸と読書のいずれによっても、唾液から採取されたコルチゾールの値が下がっていましたが、園芸のほうが大きな効果が見られました。「PANAS」（ポジティブとネガティブな感情測定の尺度）によって測られた気分で見ても、園芸を行った人の気分は回復していましたが、読書をした人の気分は変わりませんでした。ホルモン分泌と感情面のいずれで見ても、園芸にはストレス解消の効果があることになります。

大人のぬりえで安らかに

アウトドアだけでなく、インドアの趣味でも効果はあります。最近はやりの**大人のぬりえは不安を減らします**。過去に感じた最も怖い経験について記述して、不安感をあおられた後に、6色の色鉛筆を使って20分間色を塗る作業を行います。すると、ぬりえを行った人は、単に白紙に色を塗る作業をした人に比べて、不安感が大きく減少しました[13]。目の前の作業に集中するぬりえには、瞑想と同じような効果が見込まれるのではないかと推測されています。

ぬりえのように能動的な趣味だけでなく、受動的な趣味である音楽鑑賞にも効果があります。**音楽を聴くことで、心拍数や血圧、コルチゾール値が下がるのです**。

健康な人を二つのグループに分け、一つのグループには、25分間、音楽を聴いてもらい（介入群）、もう一つのグループには、音楽を聴かず、静かに休息をしてもらいました（対照群）[14]。すると、音楽鑑賞によるコルチゾール濃度低下の効果は、休息による効果よりも高いものでした。性別ごとに見ると、女性よりも男性のほうがコルチゾール濃度低下の効果が高くなっており、音楽鑑賞によるリラックス効果は、男性のほうが強いようです。

また、音楽を聴くグループを三つに分けて検証したところ、すべての音楽で、コルチゾール濃度が低下したのですが、特に、モーツァルトやシュトラウスといったクラシック音楽では、ポップバンドＡＢＢＡの曲よりも、大きく低下しました。また、モーツァルトやシュトラウスでは、心拍数や血圧が低下しましたが、ＡＢＢＡではその効果がありませんでした。

つまり、クラシック音楽のほうが、リラックス効果が強いことになります。この結果は、個人の音楽の好みとは関係ないとされています。ただし、なぜ、クラシック音楽がよいかまでは分かりません。曲のテンポが関係しているのではないかと推測されています。

いっぱいハグをしよう！

友人と会うことも、気分転換のよい効果が見込めます。ストレスに対処するには、人とのつながりが大切だからです。ストレスに悩んでいると、風邪をひきやすくなることはすでに述べましたが、ハグをする回数の多い人は、風邪をひきにくくなります[15]。健康な実験参加者に、風邪のような症状を引き起こすウイルスを含んだ点鼻液を投与して、２週間にわたって、毎晩、その日に何回ハグをしたかや対人関係で問題があったかなどを記録して分析しました。その結果、調査期間中にハグをした日の割合が多いほど、感染リスクが減っていました。また、対人関係で問題があった人のうち、ハグをした日の割合が少ない人は、その割合が多い人より、感染リスクが高くなっていました。他者との親密な関係が、ストレスを媒介とする病気の危険を減らしてくれるのです。

このように、一般的な気分転換のいくつかについては、科学的な効果が示されています。ただ、有効な気分転換は、ここで取り上げた方法に留まりません。人によって、ストレスの発散方法はさまざまです。

いろいろ試して、気分がよくなる項目を、スマホなどにまとめてみましょう。難しく考えず、気軽にできるものをできるだけ多く書き出してみてください。そして、嫌なことがあったら、そのリストから、適切な気晴らしを行ってみましょう。日常生活における絶え間ないストレスに対処するには、すぐに気分を切り替え、ストレスを溜めないことが重要だからです。

■まとめ

①定期的な運動で、活力が生まれ、疲弊感が緩和する。

②定期的な運動で、うつ状態が改善する。

③運動はストレスホルモンの分泌を抑える。
④運動は、脳を変容させて、ストレスにうまく対処できるようになる。
⑤運動で脳が若返る。
⑥自然散策は精神衛生を健全に保つ。
⑦園芸はストレスの解消に役立つ。
⑧大人のぬりえは不安を減らす。
⑨音楽鑑賞、特に、クラシック音楽はリラックス効果がある。
⑩友人と会うことも、気分転換になる。

3　ストレスに強い人、弱い人——脳の反応

遺伝で決まるストレス耐性

生まれつきストレスに強い人とそうでない人がいます。ストレス耐性のメカニズムには

脳が関係しており、遺伝の影響が大きいとされます。脳の神経細胞系に存在する神経ペプチドは遺伝子にコードされていますが、**「神経ペプチドY」と呼ばれる神経伝達物質が多い人は、ストレスに対して脳があまり反応しません**。つまり、ストレスに強いと言えます。逆に、**神経ペプチドYが少ない人は、脳が反応しやすく**、ストレスに弱いことになります。ちなみに、大うつ病性障害の人には、神経ペプチドYが少ないことが知られています。

ミシガン大学の精神医学者であるミッキーらは、実験参加者を、神経ペプチドYの遺伝子型により、低い、中間、高い、の三つのグループに分類して、脳の機能と感情について考察しています[16]。機能的核磁気共鳴画像法（fMRI。脳が機能している時に、活動部位の血流変化などを見る方法）を使って分析したところ、ネガティブな単語を読んだ時には、感情の処理を行うとされる脳の内側前頭前皮質が活性化することが分かりました。特に、神経ペプチドYが低い人では、血流が大きく変化していました。また、ネガティブな単語に対して、神経ペプチドYが低い人では、脳の「前帯状皮質」の活性化が認められましたが、高い人では、不活性化していました。前帯状皮質は、扁桃体の活動、ネガティブな感情やストレス反応の制御と関連した脳領域です。さらに、高張生理食塩水を咀嚼筋《そしゃくきん》にしみこませて筋肉痛を引き起こし、ストレス（苦痛）を与える実験では、神経ペプチドYが低い人のほうが、ネガティブな感情を示しました。これらの結果から、**遺伝的に神経ペプチドY**

が少ない人は、ネガティブな刺激に対して、神経が過敏に反応していることが分かります。

適正な職場環境は、ストレス耐性によって変わります。このため、ストレス耐性によって人員配置を決めれば、組織の生産性が上がります。実は、この考えをうまく利用している組織が軍隊です。高い精神的回復力を必要とされる特殊任務を遂行する兵士は神経ペプチドYの水準が高く[17]、PTSD（心的外傷後ストレス障害）と診断された兵士はその水準が低くなっています[18]。ストレスに強い兵士が、タフな環境に配属されているわけです。

アメリカのPTSD国立センターの精神医学者モルガンらは、任務の専門性によって、兵士を特殊部隊のグループとそうでないグループに分け、サバイバル訓練によって生じるストレスに対する神経ペプチドYの水準の変化を検証しています。訓練では、第二次世界大戦、朝鮮戦争やベトナム戦争での捕虜の体験を模した尋問が行われました。訓練前には、二つのグループで神経ペプチドYの水準に差異は見られません。しかし、訓練の前後で比べると、特殊部隊でない兵士の神経ペプチドYは大幅に減っていましたが、特殊部隊の兵士の神経ペプチドYはそれほど減っていませんでした。また、訓練前と比べて、訓練中には、いずれのグループでも神経ペプチドYが増えるのですが、特殊部隊でない兵士よりも、特殊部隊の兵士のほうが、神経ペプチドYが高い水準でした。**扁桃体の中心核に神経ペプチドYを注入すると、抗不安剤のように機能し、ストレスを緩和する**ことが知られています。特殊部隊の兵士のほうがその機能が優れていたのです。

虐待やネグレクトでストレスに弱くなる

生まれ育った環境もストレス耐性と関係があり、うつ病や自殺願望を助長する子供の頃の虐待やネグレクトは、脳の変容との関連が指摘されています。ハーバード大学医学大学院の精神医学者ペクテルらは、6歳から18歳までの頃、虐待を受けた人とそうでない人を対象に、大人になってからの扁桃体の容積を比べました[19]。虐待には、両親による暴言や身体的虐待、兄弟姉妹のレイプの目撃などが含まれます。その結果、虐待は、右扁桃体の容積の変容に関係しており、特に、その変容のうち、27%が10歳から11歳の時の虐待に起因するとしています。子供の頃の虐待やネグレクトにより、**扁桃体が大きくなると、些細なストレスにも過敏に反応し、ストレスホルモンが多く分泌されます。つまり、虐待やネグレクトを受けた人は、ストレスに弱くなるわけです。**

また、子供の頃の虐待やネグレクトが男性の脳に与える影響は、女性の脳に与える影響の4倍もあり、男性のほうが、将来ストレスを受けやすくなります[20]。卵巣から分泌されるエストロゲンは、心血管系への保護作用があり、女性は、男性に比べて、心疾患にかかりにくいことが知られています。このため、女性ホルモンであるエストロゲンによって、ストレスから女性の脳が守られているのではないかと推測されています。

親の愛情でストレスに強くなる

子育てについては、虐待やネグレクトのようにネガティブなものだけではなく、ポジティブなものも、ストレス耐性に影響します。**幼少期に親が子供と親密に接すると、**その後の成長過程において、**子供はストレスに敏感に反応しなくなる**のです。

ニューヨーク州立大学ストーニーブルック校の心理学者バーナードらは、親の接し方により、子供のコルチゾール生成に違いがあるかを検証しています[21]。積極グループの親は、10週間の授業を通じて、子供への接し方を学習します（介入群）。子供の苦悩に愛情をもって寄り添い、子供と時間を共有して、子供を怖がらせる行為を慎むように、指導を受けるのです。実際に、子供との接し方に対するフィードバックも与えられます。もう一方のグループの親は、子供の接し方とは関係のないような子供の発育に関する情報について、10週間の授業を受けます（対照群）。その、だいたい3か月後に、子供のストレスをコルチゾール値で測ったところ、親が親密に接する子供たちは、1日を通してコルチゾール値が大きく減少していたのに対し、そうでない子供たちは、コルチゾール値の減り方にあまり変化が見られませんでした。通常、コルチゾール値は、起床時に高く、就寝時に低いという日周パターンがあります。親の愛情を受けられないと、こうしたパターンが崩れてしまうわけです。この結果は、子供の「視床下部―下垂体―副腎系」(HPA系：ストレスへの反応などに関係する神経内分泌系)調整機能の発育が阻害されている可能性を示唆しています。

親が子供と親密に接することが、子供のHPA系に及ぼす影響は、長期にわたります[22]。前述の研究の事後点検として、約3年後に追跡調査を行ったところ、当初と同じような結果でした。積極グループでは、起床から就寝にかけて、子供のコルチゾール値の減少が大きいのに対し、もう一方のグループでは、その減少があまり見られなかったのです。

子育てでは、子供が悩んでいることに気を配るだけでなく、一緒に何かをしてみましょう。また、子供の前で両親がケンカするのは止めましょう。子供を不安にしたり、怖がらせたりしてはいけません。

いじめでストレスに弱くなる

生育環境という意味では、いじめも心身の健康や人生満足度に大きな影響を与えます。いじめの被害に遭った子供たちは、そうした経験がない子供たちより、精神的な問題を抱えやすいのです[23]。7歳に始まり50歳までにわたる長期間の追跡調査の結果、カウンセリングなどの精神衛生サービスの利用は、いじめ被害者のほうが多くなっています。

また、その利用には性差があります。女性は大人（23歳以降）になってからの利用が多いのに対し、男性は子供（11歳から16歳）の時に、多く利用しています。さらに、いじめの被害者は、50歳になっても精神衛生サービスを利用する危険がなくなることはなく、**子供の頃のいじめは、長期間にわたって影響を与える**ことになります。

都市生活で、ストレスに過敏な脳になる

ストレスへの耐性は、居住環境との関係も指摘されています。ハイデルベルグ大学の精神医学者レダーボーゲンらによると、**都市生活者の脳はストレスに過敏に反応**します[24]。都市の規模を、10万人以上の大都市、1万人以上の中都市、田舎に分けて検証したところ、現在大きな都市に住んでいる人ほど、ストレスにさらされた時に扁桃体の活動が活発でした。また、育った場所でも違いが見られます。ストレスにさらされた時に、都市育ちの人ほど、前帯状皮質（扁桃体の活動、ネガティブな感情やストレス反応の制御と関連した脳領域）が、活発に活動したのです。時間がゆっくりと過ぎる田舎の生活と比べると、日常の喧騒にさらされる大都市の生活には、多くのストレスがあります。都市での生活で脳が変わり、精神障害の温床となっている可能性が指摘されています。

このように、幼少期や思春期における生育環境から受けたストレスは、脳の発達に長期

にわたる影響を及ぼし、精神障害になりやすい可能性があります。ただし、別の見解もあります。都市でのストレスに誘発されて精神障害に苦しむ人は、居住環境以外の他の環境要因によるストレスや遺伝子リスクから、もともと病気になりやすい人ではないかと疑われているのです[25]。遺伝子のまれな変異によって、統合失調症（妄想や幻聴が現れる精神障害）になる危険が高い実験参加者を選んで、検証したところ、ストレスにさらされた時に、彼らの前帯状皮質の活動が活発化していました。つまり、都市で生活しているからではなく、遺伝的に発病しやすいため、精神障害になっている可能性もあるのです。

都市生活と心の健康には、何らかの関係があることは認められています。しかし、どの側面が脳に影響を与えるかまでは分かっていません。自然が少ないことや人込みや喧騒、あわただしい生活が原因かもしれません。近所付き合いの少なさから孤独を感じることも関係している可能性があります。さらなる研究が進められています。

■まとめ

①遺伝的に神経ペプチドYが多い人は、ストレスに脳があまり反応しない。

②特殊部隊の兵士は、ストレスに強い。
③子供の頃の虐待やネグレクトにより、扁桃体が大きくなる。
④虐待やネグレクトが男性の脳に与える影響は、女性の脳に与える影響の4倍。
⑤幼少期に親が子供と親密に接すると、成長した子供はストレスに過敏に反応しない。
⑥子供の頃にいじめの被害に遭うと、その影響は中年期まで及ぶ。
⑦都市生活者の脳は、ストレスに過敏に反応する。
⑧居住環境以外の環境や遺伝などが、精神障害と関係している可能性もある。

4 幸せな人をまねてみよう——ポジティブ心理療法

ポジティブな感情で成功する

幸せな人は成功しやすいと言われています[26]。結婚、交友関係、仕事、収入、健康と、人生におけるいろいろなことがうまくいくのです。カリフォルニア大学リバーサイド校の心理学者リュボミアスキーらは、225の論文を検証して、幸せな人の特徴をまとめています。

幸せな人は、自分をポジティブに評価しているので、自信があります。他人にもポジティブな態度で接し、社交的かつ活動的で、好奇心も旺盛です。このため、ストレスと上手に向き合え、余暇の活動や人との関わりを楽しむ傾向が見られます。また、喫煙や暴飲暴食、薬物やアルコールの乱用のように、健康を害することをしません。こうしてみると、幸福感は、成功をもたらす行動と大いに関係しているのが分かります。

それだけではありません。「ポジティブな感情」で表される喜びなどの幸せは、仕事、人間関係や健康に見られる成功の原因と考えられています。幸せな人は、その後の人生において、生産的な仕事をしたり、満足のいく人間関係を構築したり、心身の健康を享受したりしているからです。就職しやすく、業績を上げ、上司による評価も高いだけでなく、仕事によって燃えつきることもあまりありません。健康的で、友人が多く、社会支援のネットワークを持っています。その源となっているのが、ポジティブな感情です。つまり、**成功が人を幸せにするだけでなく、ポジティブな感情が成功に導くわけです。**

感謝の日記で幸せになる

こうした研究をもとに、幸せな人の考え方や行動を真似て、幸せになろうというアプローチがあります。自分の考え方や行動を変えることで、幸せになる努力をするわけです。その背景には、**幸せに感じるかどうかは、結局、自分次第だという考えがあります**。幸せでないのは環境のせいではありません。このため、ポジティブな感情を持てるように、自己をコントロールする訓練を行います。前向きで、肯定的に感じるようにするわけです。

身近な方法としては、日記が効果的です。ただ、普通の日記ではなく、週に1回、その週を振り返って、よいことを五つずつ書いていきます。すると、毎週嫌なことを書いた人と比べて、人生の満足感が高くなり、他人との結びつきを意識するようになります。この時、もしその素晴らしい出来事や出会いがなかったら、という見方をしながら日記を書くと、その効果が増幅します[27]。人生で感謝するような出来事が当たり前として記述した人と比べると、そうした出来事がとても驚きであるかのように記述した人は、よりポジティブな感情を示していました。出来事を驚くべきことではないと感じるのは、すでに人生の一部として消化して、適応しているからです。適応すると、ありがたみが半減します。

日記によいことを書き留める効能は、「感謝」です。**幸せな人は、感謝を忘れません**。何事も当然だと思わず、現在を大切にします。もし、○○がなかったらという見方は、現実に対する考え方を変えてくれます。すると、常に新鮮な感覚を失わず、喜びや楽しみを見出せるようになります。

喜びの感情は大切なものです。よい出来事によって喜びを感じていると、不安を感じません。このため、感謝をする人は、ネガティブな感情に陥りにくくなります。また、感謝をする人は、あまりモノに依存せず、他人を助ける傾向があります。自然と他人との結びつきが強くなり、人生にも満足感を覚えやすくなります。さらに、喜びのようなポジティブな感情を持つと、新しいことへのチャレンジ精神も旺盛になります。一方、悪い出来事ばかりに目が行くと、不安を感じたり気分が落ち込んだりして、何もしたくなくなります。このため、できるだけよい出来事を思い出して、楽しむほうがよいと言えます。

明るい表情でよいことを思い出そう

日記以外にも、不安を退け、喜びを感じるために推奨されている方法があります。**身近な人への感謝を書き留めて、相手に伝える**ことです。人生の恩人に感謝の手紙を書くことでも構いません。その作業をしていると、よい出来事を思い出して楽しめます。このため、実際に手紙を出さなくても、幸せに感じられます。また、感謝を伝える機会があれば、感謝された人との関係が深くなるので、より幸せに感じるようになります。

よい出来事を思い出すにはコツがあります。過去を振り返る時に、**明るい気分であれば、よいことを思い出しやすいのです。**クラーク大学の心理学者レイアードらは、汚職などの怒りをもよおす社説やゆかいな逸話の抜粋を読んでもらい、その文章をどのくらい覚えているかを検証しました。[28] 有名な古典的実験です。その時、実験参加者に、人為的に笑顔かしかめっ面を作ってもらったところ、その表情が記憶に影響していました。笑顔の時は、逸話の文章のほうをよく覚えており、しかめっ面の時には、社説の文章をよく覚えていたのです。さらに、面白いのは、人為的に表情を作って感情的な題材を思い出す効果は、いろいろな表情ごとに違いました。こわがった表情の時にはおびえるような題材を、しかめっ面の時には怒りを感じる題材を、悲しい表情の時には悲しい題材を思い出しやすくなっていたのです。

ただ、表情がすべての人の記憶と関係するわけではありません。実は、表情と思い出す題材の一致は、表情の変化で気分が変わる人だけに見られたのです。つまり、**その時の感情（気分）が、思い出すこと（記憶）に影響している**ことになります。記憶は、表情自体ではなく、作った表情から生み出された感情によって引き起こされているわけです。

情けは人の為ならず

周囲から優しくされる人を羨《うらや》んで、なんて幸せな人だろうと思うかもしれません。しかし、逆に、**人に「親切にする」と幸せになります**。「情けは人の為ならず」です。

ハーバード大学医学大学院の精神医学者シュワルツとブランダイス大学の社会学者センドーは、多発性硬化症の患者によるボランティアの効果を検証しました。[29] 多発性硬化症は、視覚、感覚、歩行、膀胱《ぼうこう》や腸の制御や調整に影響を及ぼす脱髄《だつずい》疾患で、日本でも指定難病の一つです。こうした病気を平均8年患っている実験参加者が、2年間にわたって、自分と同じ病気の患者の話を聞くボランティアを行いました。自分のことだけでも大変な人が、ボランティアを行ったわけです。すると、このボランティアをした人は、自信が増して、落ち込むことが減り、幸福感が向上していました。

また、ボランティアをした人の幸福感は、それを受けた人のものより、7・6倍も改善していました。自分が他人の役に立つことで、自分の人生をコントロールしていると感じたことが一因とされています。社会活動における役割という観点からも、ボランティアをした人のほうが、3・5倍改善していました。他人に親切にすることで、社会との結びつきが強まり、所属欲求が満たされたためだと考えられます。

他人に親切にすると、やがてよい報いとして自分に戻ってくることがあります。特に、同じような問題を抱える人同士では、共感が得やすいこともあるでしょう。自分の悩みや苦しみを聞いてもらうだけでなく、他人の気持ちに寄り添うことでも、よい効果があることが分かります。誰しも同じようなことで悩んでおり、自分一人ではないと感じるからかもしれません。自分よりもっと大変な人たちがいることに気がつくこともあるでしょう。他人を助けているつもりが、知らない間に、自分の悩みや苦しみが緩和されていることもあるのです。

許して解き放たれる幸せ

感謝や親切以外にも、キーワードがあります。「許し」です。夫婦や親子間の確執により、離婚や絶縁を経験、憎悪して許せない相手がいるとします。もし、怒りや恨みの感情があれば、書き出してみましょう。それらを許すと、ネガティブな感情が緩和します。場合によっては、ポジティブな感情にまで昇華できることもあります。

この時、いさかいがあった相手と和解しなくても構いません。**許すとは、相手に対してではなく、自分の考え方を変えることだからです**。まず、復讐心を捨てて、相手が傷つけばよいと考えないことです。また、相手から距離をとって、その存在を無視することも改めてみましょう。

具体的に思い出して、許しの手紙を書いてみることは、一つの方法です。ストレスを引き起こす出来事について、心の奥底にある感情などを包み隠さず吐露して書き出すことは、「筆記表現法」と呼ばれています。

たとえば、幼少期に家庭を顧みず、自分の欲求に素直に生きた親。大人になった今でも、その親に対して、うっせきした感情を抱いています。しかし、恨みや憎しみは、自分を傷つけて、幸せから遠ざけてしまいます。そこで、まず、自分の気持ちを吐き出してみてください。そして、相手の立場に立って、その考え方を理解するように努めます。共感するわけです。すると、自分の考え方にも、変化が現れることがあります。

これは一種の対話です。自分の心との対話なのです。よく考えてみると、どうして自分が怒っているかさえ、分からないこともあります。自分を見つめ直すことで、感情がほぐれていくこともあるはずです。また、相手の立場に立って見ると、納得が行かなくても、理解はできることがあります。いさかいがあった相手が目の前にいなくても、その人と話しているように感じるでしょう。すると、ネガティブな感情を引き起こしていた出来事も、自然に受け入れられるようになるわけです。

ポジティブになるための完璧な方法はない

残念ながら、本節で紹介した方法も完璧ではありません。問題点も指摘されています。よく言われるのは、効果の持続性です。**その効果は一時的で、長く続きません**。たとえば、同じ親切行為を繰り返していると、やがて幸せを感じなくなり、初期の幸福感に戻ってしまいます。親切が当たり前になるためです。同様に、週に3回、感謝の日記をつけた人は、幸せに感じませんでした。日記をつけることが、ルーチンワークになり、新鮮に感じられなくなったためとされています。私たちは適応してしまうのです。

適応を避ける工夫は、結構大変です。慣れてしまわないように、感謝を感じたり親切にする行為の種類を増やす必要があります。ただ、いろいろな親切をしなければと頭を悩ませるのは本末転倒です。親切は、本来自発的なもので、かつ、自分の負担となってはいけません。他人への親切でよい気分になるはずが、逆に、重荷になって、気分が落ち込んでしまっては意味がありません。ちなみに、介護をフルタイムで行う人は、精神障害の危険が増えることが知られています。

さらに、許しの手紙には危険も伴います。手紙を書くには、過去とじっくり対峙することが必要ですが、嫌いな相手を思い出すたびに、恨みや憎しみがよみがえることがあります。これでは心を落ち着けるどころか、かえって恨みや憎しみを増幅してしまいます。場合によっては、無理に過去と対峙してこじらせてしまうよりも、しばらく時間を空けたほうがよい時もあるわけです。あまり思い悩まないように気をつける必要があります。

こうした注意を見てみると、一つの完璧な方法があるわけではないことが分かります。ただ、早とちりをしないでください。効かないと言っているわけではありません。時と場合によって効果が変わる、と言っているのです。つまり、どの方法を使えばよいかというより、どのように使ったらよいかという視点が重要になるわけです。

■まとめ

①幸せな人は成功しやすい。
②ポジティブな感情が成功に導く。
③幸せに感じるためには、感謝の日記や手紙が効果的。
④明るい気分であれば、よいことを思い出しやすい。
⑤人に親切にすると幸せになる。
⑥許すとは、相手に対してではなく、自分の考え方を変えること。
⑦ポジティブ感情追求の効果は、一時的なことも多い。

5　無意識に行う考え方の癖——認知のゆがみ

思考が生み出す悩みや苦しみ

私たちの悩みや苦しみは、自分の思考が生み出しています。出来事が感情を生むのではありません。その出来事をどう受け止め、解釈するかという自分の考え方が、感情を生んでいるのです。初めて聞く方には、少し分かりにくいかもしれません。

職場でよくある些細な行き違いを例にとって見てみましょう。たとえば、ランチを済ませた田中さん（仮名）は、隣の部署の山田さん（仮名）と通りですれ違いました。この時、会釈をしたのですが、山田さんに無視されてしまいます。昨日の会議で、田中さんと意見の食い違った山田さん。会議のことを根に持っているのだろうかと少し気になりました。それとも、何か他に彼の気に障《さわ》ることをしたのだろうかと思いました。午後の就業が始まっても、田中さんは気もそぞろ。その理由をずっと考えてしまったそうです。

田中さんは、自分が嫌われたと思い、落ち込みます。そして、会議での辛辣《しんらつ》な発言で、山田さんを辱《はずかし》めてしまったからだと思い始めます。山田さんの意見に反対するにしても、もう少し言いようがあったはずです。なぜあの時、きちんと考えてから発言しなかったのだろう、と後悔し始めます。自分は配慮のないダメな人間だと思ってしまった田中さん。その晩、クヨクヨと、夜遅くまでお酒を飲んで気を紛らわせたそうです。翌日、田中さんは酒に逃げてしまった自分の弱さに対し、大変な自己嫌悪に陥りました。

後で分かったことですが、山田さんは、田中さんを無視したわけではありませんでした。たまたま次の会議の企画を考えながら歩いていたため、気がつかなかったのです。落ち着いて考えると、客観的な事実は、山田さんが挨拶に応答しなかっただけです。その後の物語は、田中さんが頭の中で作り上げた妄想にすぎません。そして、現実でない妄想によって、しょんぼりしてしまったのです。実は、田中さんには、以前に苦い経験があります。意見の合わない同僚から嫌われて、職場で孤立したことです。それ以来、自分でも少し度が過ぎるかなと思うほど、同僚の態度に敏感になっていました。

人には、誰しも、無意識に行ってしまう考え方の癖があります。その癖が、現実を誤って認識させてしまいます。「認知のゆがみ」と呼ばれるものです。前述の例にも、いくつかの考え方の癖（認知のパターン）が見られます。まず、山田さんが挨拶しなかっただけで、自分が嫌われたと思ってしまったことです。これは、結論への飛躍と呼ばれる認知のパターンです。素通りされただけで、嫌われたと決めつけるのは性急です。また、自分を必要以上に責めて、ダメな人間だと考えています。これは、「レッテル貼り」と呼ばれる認知のパターンです。会議での発言の仕方に反省すべき点があったり、1日くらい深酒をしてしまったりしても、人間的にダメなわけではないでしょう。

認知のゆがみを修正する

嫌われていないか過度にビクビクしてしまう。こうした用心深さは、進化の過程の名残《なごり》です。太古の昔、集団生活では協調性が求められました。仲間に嫌われて、集団を追放されると、生命の危険に直結したからです。そのため、自己主張を抑え、周囲との調和を大切にするように適応してきました。不安に感じることは、周囲に配慮する手助けとなります。ただ、あまりに気にし過ぎるのもよくありません。無用な悩みや苦しみを生み出してしまうからです。現代生活に支障を生じてしまっては、意味がないのです。

図表2-5　認知行動療法の枠組み

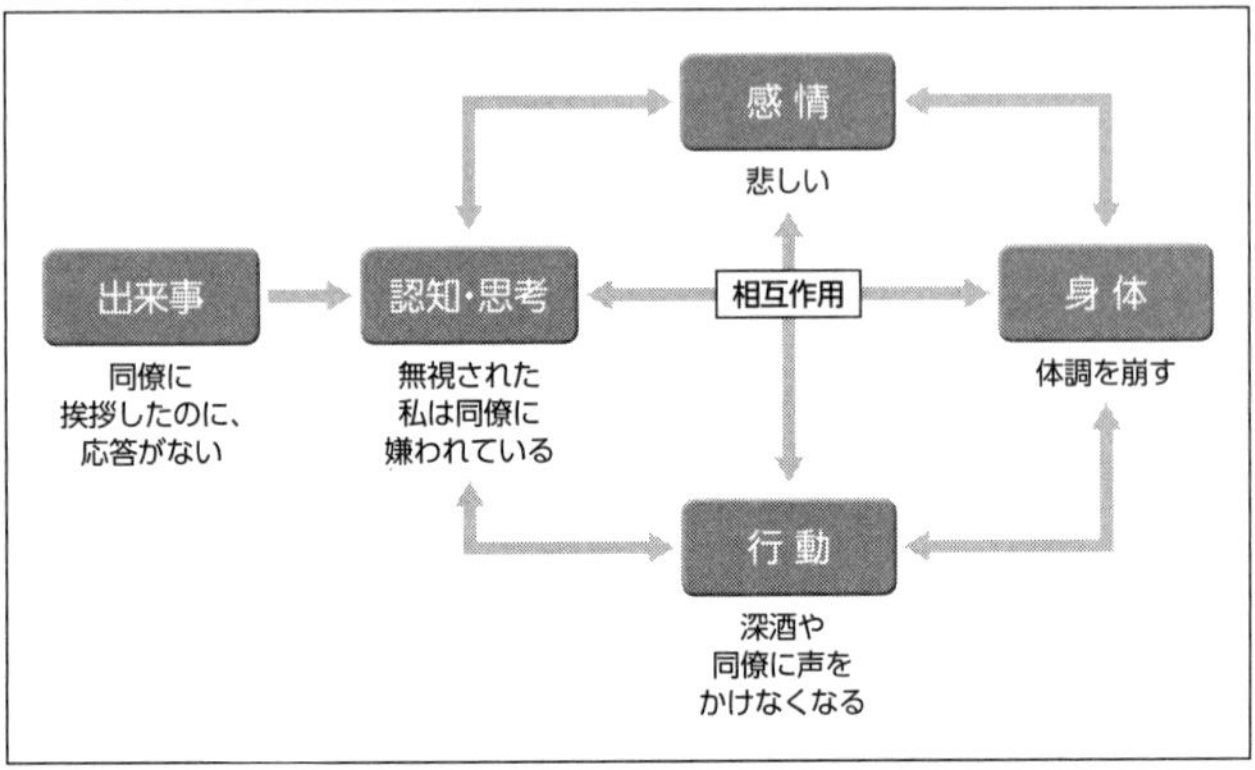

そこで、無意識のうちにネガティブに考える癖を、直してあげるとよいでしょう。自分にはどのような思い込みがあるかを知り、出来事に対して柔軟な思考ができるように訓練するのです。考え方を変えると、ズルズルと悲観的な感情へ発展させないようになり、感情が安定しやすくなります。認知のゆがみを修正するわけです。

そのためには、まず、**「出来事」（同僚が挨拶をしなかった）、出来事の解釈である「思考」（嫌われた）、派生した「感情」（悲しい）や「行動」（深酒）の四つを、区別してとらえてみましょう。**そして、そのことを書き出して、整理してみます。たとえば、思考（嫌われたという判断）が、思い過ごしや勘違いでないかを考えてみましょう。冷静に考えてみると、別の考えに至るようにもなります。単にこちらに気がつかなかっただけかもしれません。嫌われたわけでないと思えば、悲しい気持ちも和らいでいきます。その結果、よりよい行動（今度、こちらから山田さんに挨拶してみよう）をとる手助けをしてくれます。

■まとめ

①考え方の癖が、現実を誤認させる。

②悩みや苦しみは、自分の思考が生み出している。
③「出来事」「思考」「感情」「行動」の四つを区別する。
④ネガティブな考え方の癖を直すと、世界が変わる。

6　なりたい自分になる——アファメーション

たくましい想像力で前向きになる

思考は、過去の経験の産物です。私たちの実体験が、どのように考えるかに影響しています。ただ、現実世界における経験だけがすべてではありません。想像による疑似経験でも、記憶に刷り込まれていきます。このため、想像力を働かせて、特定のイメージを思い描く作業を繰り返すと、やがて思考に影響を与えるようになります。

こうしたプロセスを応用し、**よいことを想像して、ポジティブに考える癖をつけられます。**アスリートが行っているイメージトレーニングと言えば、分かりやすいでしょう。こうした方法は、「アファメーション」と呼ばれ、私たちの日常生活にも適用できます。

やり方はいたってシンプルです。たとえば、私は魅力的で人を引き付けると唱えながら、楽しい会食の様子を思い浮かべます。この時、想像の中で体感することを、豊かな感情で表してみましょう。私は、喜びに満ち溢れるだけでなく、本当に素敵な仲間に囲まれ、感謝に溢れた会食の時間を過ごしています。私は本当に幸せです、といった感じです。

アファメーションで思考の癖を変えると、ネガティブな感情を抑えるだけではなく、なりたい自分に一歩近づくとされています。自分について無意識に信じていることが、現実の出来事にかなり影響を与えるからです。実際、幸運な人は、自分は運がよいという言葉を、自分に言い聞かせる傾向があります。よい気分でいれば、いろいろなことがうまく運ぶわけです。ただし、通常、好循環が働き始めるまでには時間がかかります。アファメーション以外の地道な努力と組み合わせて、運気を引き寄せるのがよいでしょう。

アファメーションで能力アップ

セルフ・アファメーション理論では、自己の目的は、セルフイメージが脅かされた時に、それを守ることです。そのための一つの方法が、自己価値の大切な源泉を肯定すること（アファメーション）としています。平たく言えば、自分に自信をつけるわけです。

アファメーションには、仕事や学業の能力を向上させる効果があります[30]。カーネギーメロン大学の心理学者クレスウェルらは、実験によって、ストレスに対するアファメーションの効能を示しています。私たちは、慢性的なストレスによって、課題を解決する能力を損ないます。しかし、アファメーションを行うと、その能力が改善するのです。

少し詳しく見てみましょう。実験参加者を、アファメーションを行うグループとそうでないグループに分け、芸術、ビジネス、友人・家族などの11項目から、個人的に最も価値があると思う順番に並べてもらいます。アファメーションを行うグループでは、一番価値があると思った項目について、なぜそれが大事なのかを記述します。その後、記述した項目の価値について、自分の人生に影響を与えるほど重要であるかと、自分自身の重要な一部であるかどうかについて、1（まったくそうでない）から6（かなりそうである）までの数字で評価します。こうした作業を通じて、アファメーションのグループでは、自己の価値観を再認識し、自己肯定感が高まります。もう一方のグループは、自分が9番目に価値があると思ったものについて、なぜその項目が他の人にとっては価値があるかもしれないかということについて記述して、同様の作業を行います。9番目のような自分にとってはさほど価値がないことについて考えるので、自己肯定感には影響がありません。

次に、問題解決能力や創造性を測るため、遠隔連想テスト（RAT）と呼ばれるテストを受けます。たとえば、「だるま」「合戦」「景色」の単語が与えられた時に、すべての単語に結びつくような単語を連想するテストです。この用例では、「雪」（雪だるま、雪合戦、雪景色）が正解となります。実験参加者は、評価者の目の前で、制限時間のプレッシャーを受けながら問題を解かなくてはいけません。

実験の結果、慢性的なストレスは、問題解決能力を下げていました。先月のストレス水準で測られた慢性的なストレスが高い人ほど、テストの成績が悪かったのです。また、**アファメーションは、問題解決能力を改善することも分かりました。**アファメーションを行うグループのほうが、そうでないグループよりも、テストの成績がよかったのです。特に、**慢性的なストレス水準が高い人のほうが、アファメーションによる能力の改善効果が大きく現れました。**ストレス水準の低い人では、テストの成績がそれほど改善しませんでした。

アファメーションの効能は、能力の発揮だけではなく、効果的なストレス管理法の一つともされています。**アファメーションにより、ストレスが緩和する**ためです[31]。前述と同様な実験において、アファメーションを行っていない人は、ストレスのピーク時にかけて唾液のコルチゾール水準が大幅に上昇しました。一方、アファメーションを行った人では、統計的に優位なコルチゾール水準の変化がありませんでした。慢性的なストレスは、視床下部—下垂体—副腎系（ＨＰＡ系）に影響を与えますが、アファメーションが、ＨＰＡ系の活動を緩和した可能性があります。

アファメーションの効果は性格によっても違います。自分の価値観に関するアファメーションを行ったグループのうち、自尊心が高く楽観的な人ほど、ストレスを感じにくくなっていました。アファメーションを行っていないグループにはそうした関係は見られなかったことから、**自尊心や楽観性という特性が、アファメーションによるストレスの低減効果を増幅する**とされています。

健康の恩恵もあるアファメーション

人生の大きな出来事やトラウマの経験について書くことは、心身の健康によい効果が期待できます。「筆記表現法」と呼ばれ、ストレスを引き起こす出来事について、心の奥底にある感情などを包み隠さず吐露して書き出す方法です。前々節で紹介した許しの手紙も、その一種です。

カーネギーメロン大学の心理学者クレスウェルらは、**筆記表現法による身体内健康の恩恵は、アファメーションが機能しているためだ**としています[32]。初期（ステージⅠとⅡ）の乳がん患者を三つのグループに分け、作文をしてもらいます。最初のグループは、乳がんの体験についての奥底の考えや感情に焦点を当てて作文をします（感情表現グループ）。次のグループは、乳がん体験についてのポジティブな考えや感情を（恩恵発見グループ）、最後のグループは、自らのがんや治療についての事実（事実記述グループ）について記述します。最初のグループは、感情豊かに書くという筆記表現法の趣旨に対応し、次のグループは、感謝を通じてポジティブに考える趣旨に対応しています。いずれも介入群に相当します。一方、最後のグループは、事実を記述するだけで対照群となります。

作文の内容は、専門家によって精査されます。たとえば、「私たちは結婚してかなり経つが、依然として愛し合っており、とても幸運である」という文章には、関係性に価値をおくアファメーションが見て取れます。こうした文章を数えていきます。

すると、感情表現グループと恩恵発見グループでは、事実記述グループに比べて、アファメーションの記述が多く見られました。また、感情表現や恩恵発見グループであることは、3か月後の身体的な症状と関連がありませんでしたが、アファメーションの記述の数は、その緩和と関係していました。つまり、豊かな感情表現や恩恵への気づきがもたらすとされた効能のメカニズムが、実は、アファメーションに起因したものであると指摘したのです。

身体的健康の効果があるアファメーションですが、病気が治るとまでは言っていません。重度な病気の場合にはなおさらです。アファメーションに限らず、こうした研究成果は、しばしば誇張されて、独り歩きします。むしろ、病気への向き合い方が変わり、気分が変化すると解釈したほうがよいでしょう。

■まとめ

①アファメーションで思考の癖を変えると、ネガティブな感情を抑える。
②アファメーションにより、なりたい自分に一歩近づく。
③アファメーションは、仕事や学業の能力を向上させる。
④慢性的なストレスに悩む人は、アファメーションによる能力の改善効果が大きい。
⑤アファメーションにより、ストレスが緩和する。
⑥自尊心や楽観性は、アファメーションによるストレスの低減効果を増幅する。
⑦アファメーションには、身体的健康の効果もある。

第3章　幸せとはありのまま受け入れるもの？

1　今、この瞬間に意識を向ける――マインドフルネス

無理にポジティブに考える努力をしない

ポジティブに考えるいろいろな方法を試しても、うまく行かなかった人も多いでしょう。苦悩や不安を組み伏せようとしても、ネガティブな感情が解消しないこともあります。実は、心理療法や投薬は、一時的な効果しかない場合があります。オセロゲームのように、ネガティブな感情（黒）をポジティブな感情（白）にひっくり返そうとしても、簡単にはいかないのです。

そこで、ポジティブな感情を追い求めずに、ネガティブな感情をありのまま受け入れて行こうとするアプローチがあります。**無理をせずに、ネガティブな感情とうまく付き合うわけです**。その一つが、「マインドフルネス」です。

マインドフルネスとは、価値判断することなく、現在のこの瞬間に意識を向けることで

す。無理にポジティブに考える努力をすることではありません。過去でも未来でもなく、現在に注意を向け、今起こっている事実を客観的に観察するように努めます。すると、ネガティブな思考や感情に陥りにくくなります。

マインドフルネスの定義は分かりにくいかもしれません。初めて聞いたのであれば、なおさらです。分かりやすいイメージは、「瞑想」です。マインドフルネスという概念は、原始仏教にルーツを持ちます。ブッダのアプローチが、禅や東南アジアのヴィパッサーナ瞑想を経て、現代のマインドフルネスに取り入れられました。ただし、仏教に帰依するわけではなく、僧侶のようなつらい修行も積みません。

現代のマインドフルネスは、宗教性を排除し、瞑想や「ヨガ」などを利用して実践されています。また、その効果は科学的にも証明されてきています。マインドフルネスに基づいた瞑想を行うと、比較的短い期間にもかかわらず、心身への効果が表れます。また、その効果を実感するには、何年にもわたる長期間の瞑想が必要ではないのです。

マインドフルネスに基づいた訓練は、グーグルやフェイスブックなど、いくつもの大企業が、研修に取り入れています。マインドフルネスが一般的になっている背景には、宗教性の排除や科学的根拠の後押しも大きいでしょう。宗教性を切り離すことにより、いろいろなバックグラウンドの人々が、抵抗感なく受け入れているのです。

ネガティブな感情と葛藤しない

マインドフルネスの典型的な訓練は、次のような瞑想法です。まず、静かな場所でリラックスし、軽く目を閉じます。そして、呼吸に意識を向けます。吸ったり、吐いたりすることに注意を集中させたり、息を吸い込んだ時のおなかのふくらみや息を吐きだした時のおなかのへこみを意識したりします。この時、無理に呼吸をコントロールしようとすると、苦しくなることがあります。自然のままの呼吸で構いません。ただ、呼吸に意識を向けて、集中するのです。

通常、集中はあまり続きません。やってみると分かりますが、すぐに、雑念が湧いてきます。気がつかないうちに、この瞑想が終わったら、◯◯しようなどと考えてしまうのです。しかし、問題はありません。雑念に気づいたら、また、呼吸に意識を向けましょう。雑念が湧いても、気にしないようにします。呼吸に意識を向けて、現在のこの瞬間に、注意を集中するのです。その訓練を何度も繰り返すことが重要です。こうした訓練を積み重ねていると、頭の中の雑音に、意識を持っていかれないようになります。

また、悩みや苦しみの感情が湧いてきても、それをなくそうと葛藤しないでください。心が反応するのは当然だからです。確かに、悩みや苦しみはネガティブな感情かもしれません。しかし、正しい感情とか、間違った感情とかの区別はありません。自らの感情を客観的に見つめます。そして、「生きていれば悩みや苦しみはあって当然だ」と現実を受け入れてみましょう。**ネガティブな感情と葛藤しない**ことは、気持ちを押し殺して我慢したり、目をそらしたりすることとは違います。現実をあるがままに受け入れるだけのことです。ただ、価値判断をしません。受け入れるだけで、気持ちがかなり楽になります。

悩みや苦しみは、自分の思考が生み出しています。**よい・悪い、正しい・間違いという価値判断が、悩みや苦しみのもとになっている**からです。人はこうあるべきだと思っていると、そうなれない時にすごく落ち込んで、自分を責め過ぎてしまいます。価値判断は、自分の思い込みや考え方の癖だということに、気づくとよいでしょう。

ただ、一つだけ注意が必要です。マインドフルネスによって、悩みや苦しみなどのネガティブな感情が、すべてなくなるわけではありません。ただ、以前よりも、心が乱されなくなります。客観的に心の反応を観察する訓練によって、いろいろな出来事に、過敏な反応をしなくなるからです。すると、悲観的な考えに陥りづらくなり、余計なことも考えなくなります。

■まとめ

①無理をせずに、ネガティブな感情とうまく付き合う。
②価値判断することなく、現在のこの瞬間に意識を向ける。
③悩みや苦しみの感情が湧いて来ても、それをなくそうと葛藤しない。
④マインドフルネスで、ネガティブな感情がすべてなくなるわけではない。
⑤マインドフルネスで、いろいろな出来事に過敏な反応をしなくなる。

2 感情を言葉にしてみよう——ラベリング

言葉がネガティブな感情を解放する

ネガティブな感情は、悩みや不安だけではありません。怒りも含まれます。誰にでも、心にしこりを残すような大喧嘩をしたことがあるでしょう。遺産相続を巡る親族の争いから、離婚した元夫婦や親友との決別などは分かりやすい例です。

くすぶり続ける過去の怒りは、ふだん意識することもありません。しかし、ちょっとしたきっかけで記憶がよみがえり、怒りが爆発してしまうことがあります。喧嘩相手のことを耳にした後、なぜだかイライラして、関係のない人に当たってしまうことはないでしょうか。そして、そんな自分が嫌になり、八つ当たりを後悔します。

このように、過去のいさかいを忘れるのは難しいことです。言い争っていた当時の記憶が鮮明によみがえってくることがあります。しかし、これは記憶が生み出す妄想です。今ここにある現実ではありません。妄想に悩まされた結果が、人間関係の悪化や自己嫌悪です。負の連鎖を引き起こすだけで、何もよいことはありません。

もし、過去に引き戻されて怒りを感じたら、過去の怒りが癒えていないと自覚するように努めてみましょう。自分を客観的に観察するわけです。そして、怒ってしまったら、何度でもその自覚をします。こうして、機会あるごとに**自覚の訓練**を続けていると、記憶が作り出す過去の怒りが徐々に消えていきます。自分を客観的に見る際には、言葉にして、「私は怒っている」と言ってみるとよいでしょう。そして、言葉に意識を向け、その言葉を繰り返します。このような手法は、「ラベリング」と言います。

大事なことは、ネガティブな感情を追い払おうとせず、客観的に観察することです。現在に意識を集中し、物事を客観的に観察する訓練を日常的に行うのです。すると、実際に、感情が激高する時に、一歩引いて対応できるようになります。その結果、周囲の出来事に過敏に反応しなくなり、ネガティブな感情からも解放されます。

感情ラベリングで扁桃体が不活性化

ラベリングの効果は、脳の機能からも示されています。カリフォルニア大学ロサンゼルス校の心理学者リバーマンらは、**感情を言葉で表すラベリング（「感情ラベリング」）によって、扁桃体《へんとうたい》が反応しにくくなる**としています。[1] 感情ラベリングの効果を調べるには、通常、2種類のネガティブな画像を使ったテストを行い、その時の扁桃体の反応を比較します。①感情の言語的な処理である「感情ラベリング」テストでは、画像（a）の表情が、画像の下にある「恐怖」と「怒り」という二つの単語のうち、どちらに当てはまるかを選びます。感情（怒りの表情）を、「怒り」という言語に結びつけるのです。一方、②感情の非言語的な処理である「感情一致」テストでは、三つの表情が示された画像（b）を見て、同じ感情を表している顔を選びます。怒りの表情をしている上の男と左下の女を選ぶといった具合です。ここでは、言語処理は含まれません。表情の情報しか使わないからです。こうして扁桃体の活動を比較すると、感情ラベリングのほうが、扁桃体の反応が弱いことが分かっています。つまり、**ネガティブな出来事への対処として、感情ラベリングが役**

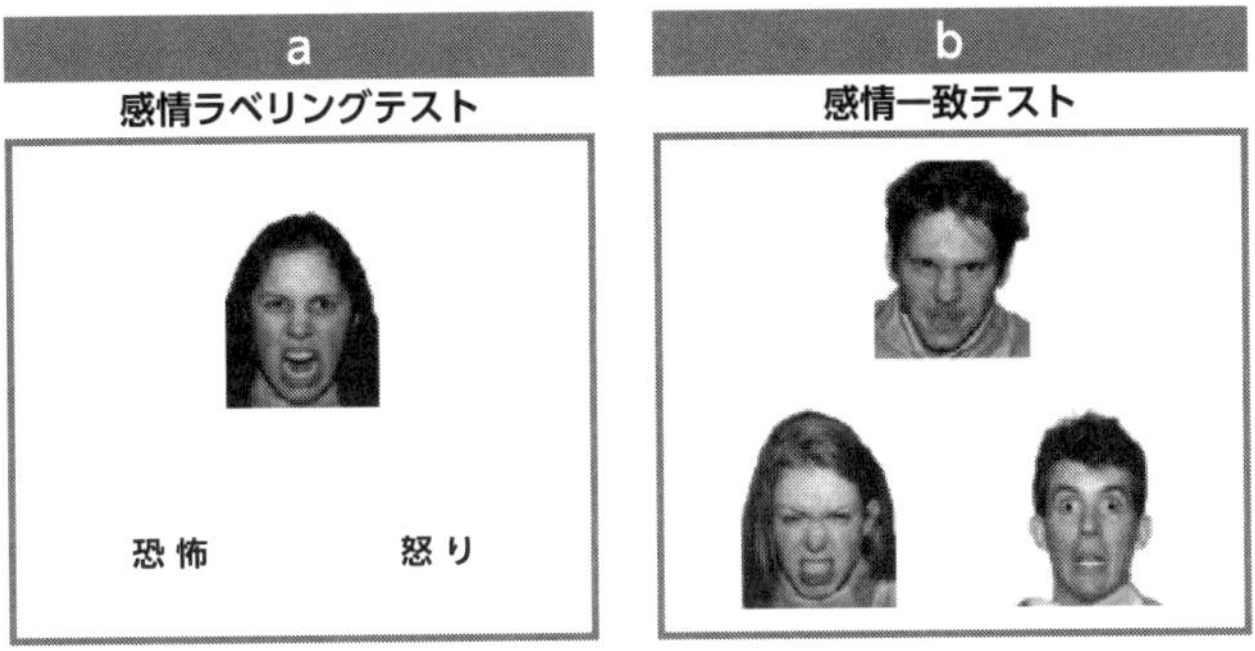

(Lieberman, et al.[2007]より抜粋)

立つわけです。

しかし、通常行われるこうした比較では、感情ラベリングの効能を証明していないという批判がありました。第一に、二つのテストでは刺激が違うので、扁桃体の活動の違いをきちんと比較できていない可能性です。感情一致テストでは、二つのネガティブな表情が示されるのに対し、感情ラベリングテストでは、一つのネガティブな表情しか示されません。二つの表情を見れば、それだけネガティブな刺激が強くなるので、扁桃体がより反応するかもしれません。もし、そうであれば、感情ラベリングの効果によって、扁桃体の反応が弱くなったかどうか分かりません。第二に、感情を言葉にする作業ではなく、言葉に変換する作業自体が、扁桃体の反応と関係しているのではないかという指摘です。本節では混乱を避けるために、感情を言葉にする作業を「感情ラ

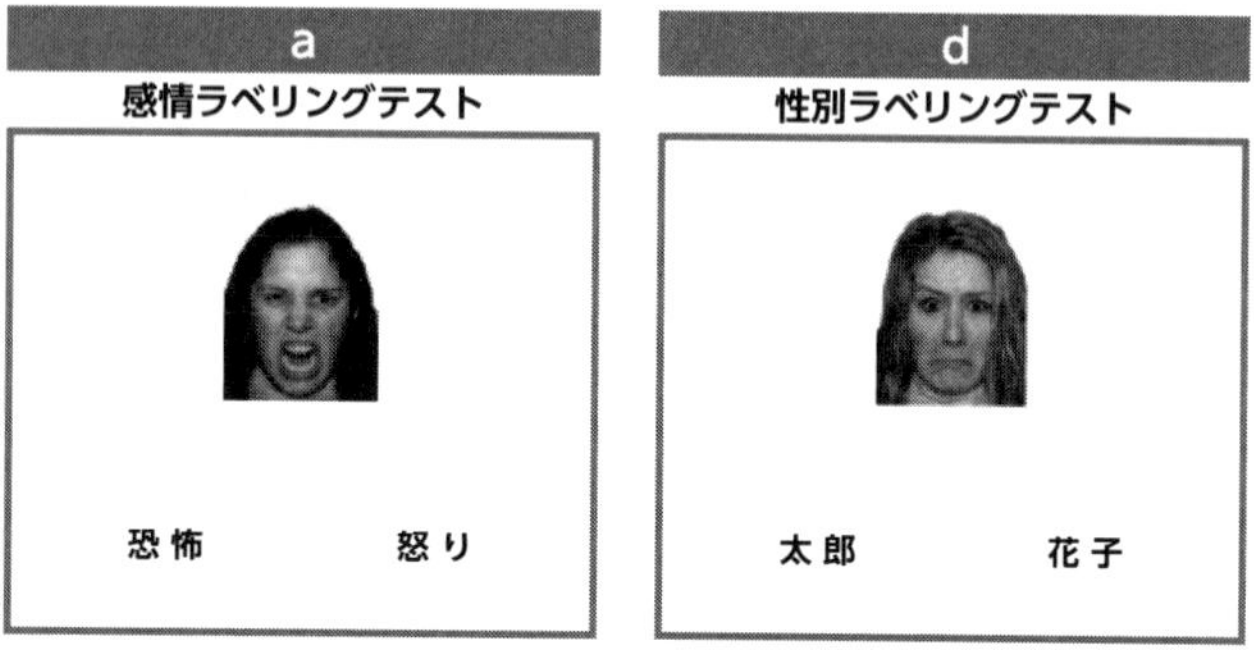

（Lieberman, et al.［2007］より抜粋）

ベリング」、感情の要素がない言語変換作業を「単純ラベリング」と記述します。

ただ、心配しなくても大丈夫です。リバーマンらは、新たな実験方法を導入して、懸念されるような問題はないことを示しています。

感情を言語化するプロセスが大事

本項の記述は少し複雑なので、飛ばして読んでいただいても構いません。取り扱うのが、リバーマンらによる新たな実験方法と科学的なものの考え方だからです。

まず、感情を言葉にすることの重要性について見てみましょう。このため、「性別ラベリング」テストを導入します。性別ラベリングテスト（d）では、写真の人の性別として、「太郎（男性の名前）」か「花子（女性の名前）」のどちらが適切か選びます。言葉への変換は行いますが、感情的な要素がなく、単なる事実の認知になります。

次に、感情ラベリングテスト（a）の結果を性別ラベリングテスト（d）の結果と比べます。感情ラベリングテスト（a）では、①単純ラベリングによる効果＋②感情のラベリングによる効果があり、性別ラベリングテスト（d）では①単純ラベリングによる効果しかないと想定します。もし、二つのテストで扁桃体の反応に差があれば、その差を感情ラベリングの効果と見なすわけです。

分析の結果、感情ラベリングテストは、性別ラベリングテストよりも、扁桃体の活動を抑えていました。つまり、感情ラベリングには、単純ラベリングの効果以上に、扁桃体の反応を抑制する効果があることになります。要は、単に事実を言葉にするだけではダメで、感情を言葉で表すことが重要になります。

また、「性別一致」テスト（e）の導入によっても、感情＋言語化の重要性を確認できます。ちなみに、性別一致テスト（e）では、3人の人のうち、同じ性別の人を2人選びます。ここでは、感情一致テスト（b）と性別一致テスト（e）を比べるのですが、二つのネガティブな表情が示されるこれらのテストでは、扁桃体への影響が懸念されるネガティブな刺激が同じです。実際に、この二つのテストを比べると、扁桃体の活動に違いは見られませんでした。つまり、感情的な特徴に注意を向けることは、感情一致テストを

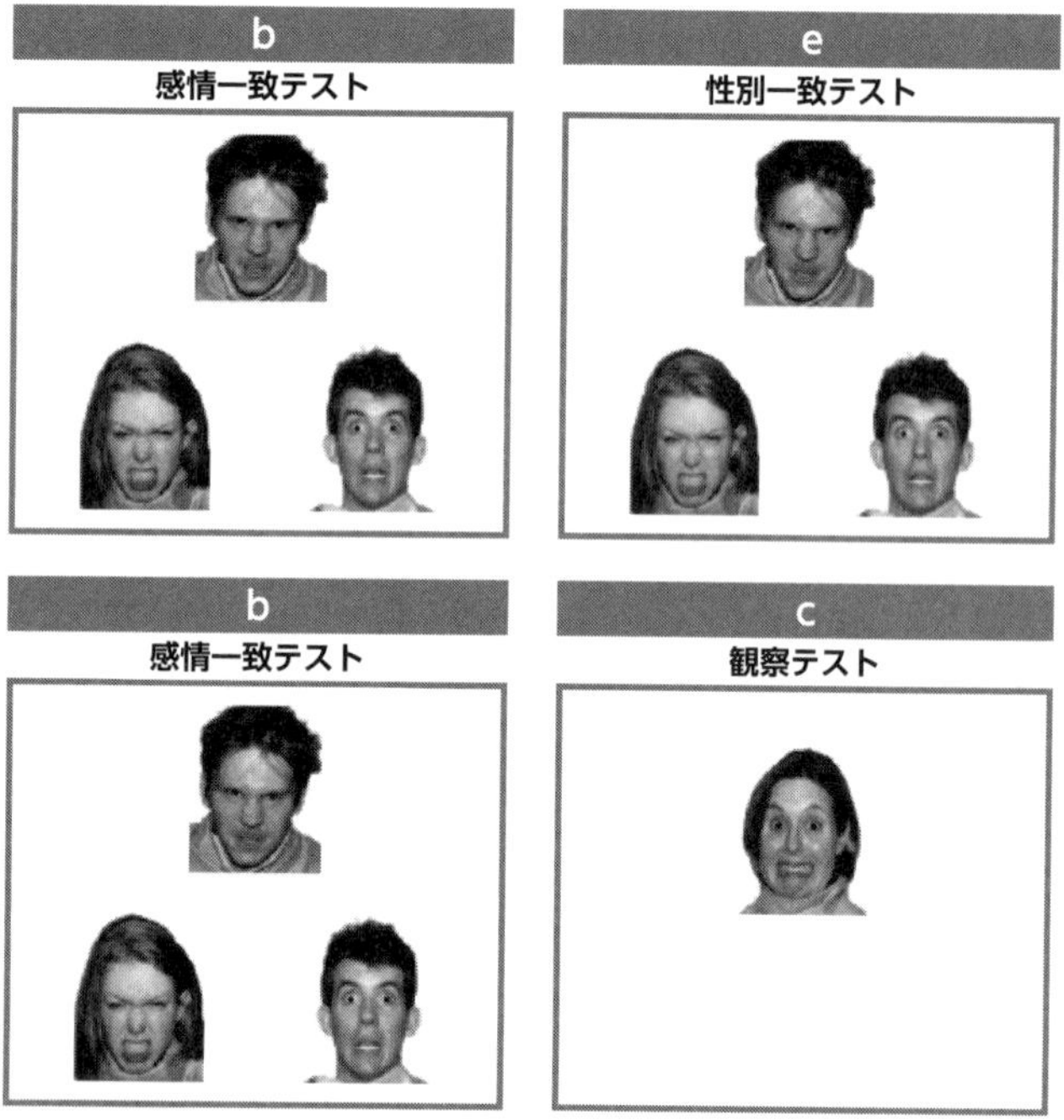

(Lieberman, et al.[2007]より抜粋)

行っている時の扁桃体の活動を活発にするわけではないことになります。目に入る感情的な特徴だけが問題ではなく、感情+言語化が、扁桃体の反応を抑えるうえで大事になります。

感情的な表情の数も、問題ないことを示しましょう。このため、一つの表情を見るだけで、何もしないという「観察」テスト（c）を導入して、感情一致

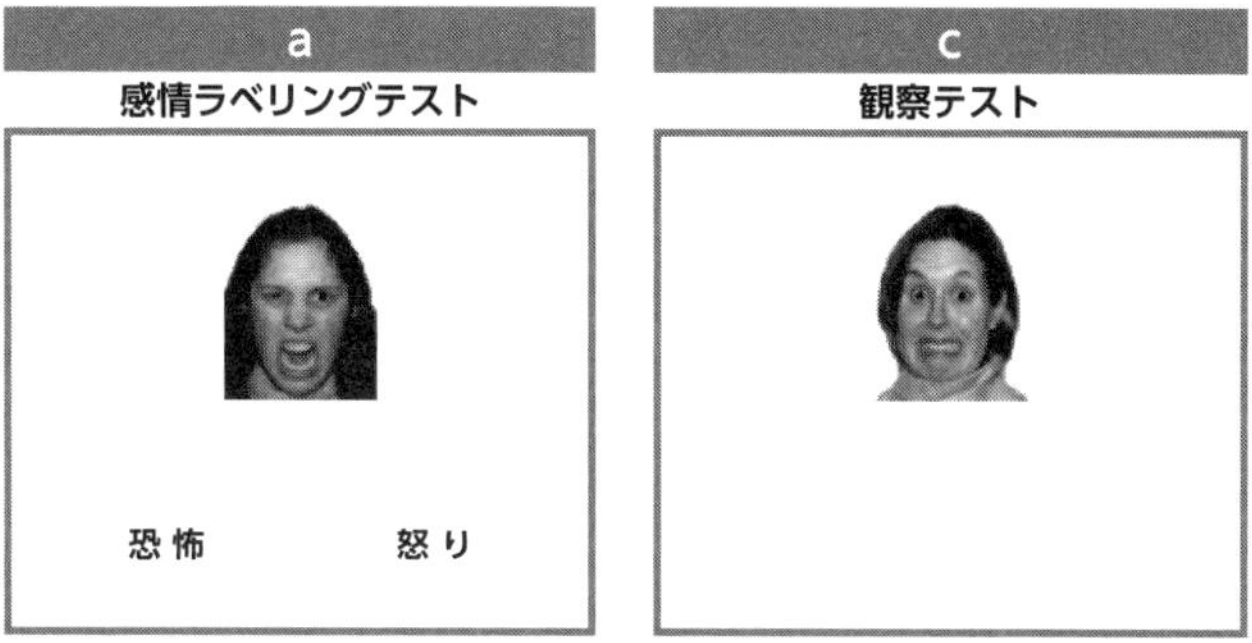

(Lieberman, et al.[2007]より抜粋)

テスト（b）と観察テスト（c）の結果を比べます。ネガティブな表情の数が多いことが原因で、扁桃体の反応が強くなっているかを調べるためです。分析の結果、感情一致テストと観察テストの間には、扁桃体の活動に関して統計的に優位な違いはありませんでした。つまり、感情的な表情の数は、扁桃体の反応とは関係ないことになります。

　最後に、感情ラベリングテスト（a）と観察テスト（c）の結果を比較しておきましょう。その結果、感情ラベリングテスト（a）は、単に表情を見るという観察テスト（c）より、扁桃体の反応が弱いことも示されています。やはり、感情的な表情の数は関係ありません。当初の実験では、表情が一つであったから、扁桃体があまり反応しなかったわけではありませんでした。**感情を言語に変換することが大事だった**ことになります。

これらの結果をまとめると、（1）懸念されるような実験方法の問題はなく、（2）**感情ラベリングは、ネガティブな感情を喚起させる画像を言語に変換する時に、扁桃体の活動を不活発にすると言えます。**感情ラベリングは、ネガティブな感情へのうまい対処法であることが示されているわけです。

■まとめ
①感情を言葉で表すラベリングによって、扁桃体が反応しにくくなる。
②ネガティブな感情を追い払おうとせず、客観的に観察する。
③感情ラベリングで、ネガティブな出来事にも感情が爆発しなくなる。

3　マインド・ワンダリングでストレス悪化――デフォルト・モード・ネットワーク

気分が落ち込むマインド・ワンダリング

私たちは、常に余計なことを考えています。会議に参加しながら、「このあとビールでも飲もうかな。おつまみは……」と思うのはよくあることです。ただ、おつまみを思案している間にも、メモをする手は休みません。無意識のうちに動き続けています。こうした心の状態は、「マインド・ワンダリング」と呼ばれます。目の前の行為に集中していない状態です。**通常、マインド・ワンダリングは、私たちを不幸な気分にしています。**

ハーバード大学社会心理学者のキリングスワースとギルバートは、マインド・ワンダリングについて、興味深い研究を行っています。[2] iPhone用のアプリを使って、実験参加者の日常生活の行動や感情をリアルタイムで報告してもらい、「幸せ」との関係を調べたのです。質問には、今何をしていたか、今どんな気分かを0（最悪）から100（最高）までの数値で答えることや、今行っていること以外の何か他のことを考えていたか、などが含まれます。その結果、サンプルの46・9％にマインド・ワンダリングが観察されました。起きている時間の半分近く、心ここにあらずの状態なわけです。また、マインド・ワンダリングをしている時には、そうでない時に比べ、幸せに感じていませんでした。

キリングスワースらは、マインド・ワンダリングが不幸を招くのであって、その逆ではない可能性を指摘します。サンプルの時間差を使って分析したところ、ちょっと前までのマインド・ワンダリングは、今の気分を落ち込ませていました。しかし、今幸せに感じていることと少し前までのマインド・ワンダリングには、関係が見られなかったのです。

では、どうして意識が現実に向いていないと不幸な気分になるのでしょう。それは、マインド・ワンダリング中に、私たちの意識が、過去や未来にいくためです。今、私たちの目の前にある現在以外のことを考えているからなのです。この説明では、まだピンとこないかもしれません。少しその意味を考えていきましょう。

みなさんもよく、昔の出来事を思い出してクヨクヨすることはないでしょうか。これは、すでに存在しないもの、つまり、記憶が生み出した妄想に悩んでいる状態です。また、将来を心配して不安になることもあるでしょう。明日、○○したらどうしようとソワソワしてしまうことです。これは、まだ起こってもいないことを妄想し、勝手に悩んでいる状態です。過去にしろ、未来にしろ、余計なことを考えているわけです。

こうした**マインド・ワンダリングは、ストレスを悪化させます**。過去や未来を考えることで、ストレスが溜まってしまうからです。

日々の不注意を助長するスマートフォンの使用

マインドフルネスは、マインド・ワンダリングの対極にあります。**マインドフルネスでは、現在に意識を向けることを強調します**。これは、変えられない過去の苦痛や起こってもいない未来の不安にとらわれないようにするためです。すでに起こってしまったことを思い悩んでも仕方がありません。過去は変わらないからです。また、これから起こるかもしれないことにビクビクしても意味がありません。心配事が本当に起こることはあまりないからです。ほとんどのことが杞憂《きゆう》に終わります。

厄介なことに、現代社会はマインド・ワンダリングを助長するものであふれています。スマートフォンは、その代表例です。常にスマートフォンを見ていると、心がさまよいやすくなります。いろいろな情報が目に飛び込んできて、反応してしまうからです。特に、スマートフォンをうわの空で使ってしまう人に、不注意な傾向が強く見られます。

ウォーテルロー大学の心理学者マーティー＝ドゥーガスらは、スマートフォンの使用と日々の不注意の間に見られる関係は、「一般的な使用」ではなく、「うわの空での使用」によるものであるとしています。[3]「一般的な使用」とは、スマートフォンに着信があった時、どの程度頻繁にすぐチェックするかなどで判断されます。一方、「うわの空での使用」とは、スマートフォンを使っている時に、どの程度頻繁に時間が経つのを忘れるかなどから判断されます。また、不注意な傾向については、①うわの空で行動している頻度、②持続的注意が途切れることから生じる日々の失敗の頻度、③意図しない、もしくは④意図したマインド・ワンダリングの経験の傾向という四つの観点から判断をします。その結果、

図表3-1　スマートフォン使用と日々の不注意の関係(重回帰分析の結果)

従属変数(不注意の指標)	独立変数(スマホ使用)	関係
うわの空で行動している頻度	一般的使用	なし
	うわの空使用	あり
持続的注意が途切れることから生じる日々の失敗の頻度	一般的使用	なし
	うわの空使用	あり
意図しないマインド・ワンダリングの経験の傾向	一般的使用	なし
	うわの空使用	あり
意図したマインド・ワンダリングの経験の傾向	一般的使用	なし
	うわの空使用	あり

(Marty-Dugas, et al.[2018]より、筆者作成)

「うわの空での使用」には、全ての不注意の傾向と関係があったのに対し、「一般的な使用」は、不注意の傾向とは関係がありませんでした。

この結果は、年齢に左右されません。年をとるにつれて、マインド・ワンダリングが減り、注意力が持続するという研究があるため、10代から70代までと、年齢層を広げて再分析したところ、やはり、一般的な使用ではなく、**うわの空使用が、日々の不注意と関係がありました。**目的のない漫然としたスマートフォンの使用が、日々の不注意を助長する可能性があることになります。

クヨクヨすると脳が疲れて疲弊する

ストレスを感じさせるマインド・ワンダリングですが、この時、脳はどうなっているのでしょう。実は、私たちの脳は、スマートフォンを意識的に使う作業をしていない時にも働いています。ぼんやりしていても脳は活動しているのです。こうした脳の活動において主な役割を担っているのが、「デフォルト・モード・ネットワーク」と呼ばれる脳の回路です。デフォルト・モード・ネットワークの働きは、よく自動車のアイドリングにたとえられます。エンジンを切らなければ、自動車は止まっていても、いつでも動き出せます。同じように、脳が休まないのは、身の周りで何かあった時に、すぐに対応するためです。

心ここにあらずの時にも働き続ける脳。この活動には大量のエネルギーを消費します。成人男性の脳は、体重の約2%しか占めていないのにもかかわらず、体が消費するエネルギーのうちの約20%を消費します。[4] 脳は大食いなのです。また、不思議な話ですが、ぼんやりしている時の脳の活動は、意識的に作業をしている時の脳よりも、20倍近いエネルギーを消費しています。[5] こうして脳は疲れ、脳の疲れが、私たちに疲労感を感じさせます。

ストレスは脳が感じるものです。たとえば、ぼんやりと過去の悲しい出来事を思い出して、〇〇しておけばよかったとクヨクヨします。そして、気がつくと、何度も同じことを考えていることはないでしょうか。このように、ネガティブな思考を繰り返すことを「反《はん》芻《すう》思考」と言います。**反芻思考は、脳を疲れさせ、私たちを疲弊させます。**反芻思考は、うつ病患者によく見られ、うつ病の身体的症状の一つが、疲労感や倦怠感です。

私たちは、日常の動作を意識せずに行っています。歩いたり、食べたりはその典型です。身体に意識を向けなくても、自動的に身体を操縦しているわけです。ただ、身体が自動操縦されると、過去や未来のことを考えやすくなり、不安になってしまうのです。みなさんも通勤途中などで、ネガティブな思考に陥った経験があると思います。「今日のプレゼンテーション、大丈夫かな。昨日もう一度見直せばよかった。だけど、もう修正の時間はないな。あー、部長に怒られそうだ」という類のものです。

不安を感じるのは、悪いことではありません。失敗を回避しようとする本能の表れだからです。ただ、不安を感じすぎて、疲弊してしまっては意味がありません。そこで、不安な感情を客観的に見つめるとよいでしょう。ただ、**自分を客観的に見る訓練は、思考や感情より、身体のほうが気づきやすいです**。そこで、マインドフルネスでは、呼吸のように身体の感覚に意識を向けることから、その訓練を始めることになります。

デフォルト・モード・ネットワークの活動を抑制する瞑想

身体感覚への気づきとして、身近なものは、散歩や食事です。散歩では、歩く時に、一歩一歩、足の裏の感覚に意識を向けます。足の上げ下げにも注意してみます。そして、右、左、右、左と、頭の中で歩行の動作を繰り返しながら歩きます。歩く時に肌を切る風を感じたり、空気の匂いを感じたりするのもよいことです。

食べる時には、噛む行為に意識を向けます。よく咀嚼し、素材本来の味を味わってみます。すると、人参《にんじん》の甘さのように、ふだんは気にも留めていなかったことに、気づくかもしれません。また、見た目や香りも味わってみましょう。食べる前に、初めて食べるかのようによく観察すると、これまでとは違った味わい方ができるようになります。食事中は、食べることに集中し、スマートフォンやテレビを見ないようにします。

全身の感覚に意識を向ける方法には、「ボディースキャン」と呼ばれるものがあります。単純な瞑想の発展形で、呼吸を整えリラックスしたら、頭のてっぺんから足の先までスキャンするように、首、胸、おなかと、一つ一つの部位に意識を集中していきます。この際、身体の感覚を感じとるように意識します。すると、腰や肩の痛みのような分かりやすい感覚だけでなく、人によっては暖かいという感覚なども感じると言われています。

こうした**マインドフルネスの訓練は、デフォルト・モード・ネットワークに関連する脳の部位の活動を抑制します**。脳を疲れさせないようにするわけです。いくつかの瞑想を行ったところ、瞑想経験が豊かな人の脳の活動は、未経験者である人の活動と比べて、内側前頭前皮質や後帯状皮質といったデフォルト・モード・ネットワークの主要な部位における活動が抑えられていました。[6] また、瞑想前と瞑想中のいずれにおいても、瞑想経験が豊かな人のほうが、後帯状皮質、前帯状皮質背側部や背外側前頭前皮質（自己モニタリングなどに関与している脳の領域）の間に、強い機能的連結が見られました。「自己モニタリング」とは、自分の行動や感情表現を客観的に観察して、周囲の状況に合わせるようにすることです。これらの結果から、これまでの瞑想経験によって得られた神経メカニズムが、デフォルト・モード・ネットワークの活動や機能的連結の違いとなって表れていると考えられます。瞑想を通じたマインドフルネスの訓練は、デフォルト・モード・ネットワークに影響を与えて、マインド・ワンダリングを抑える可能性があるのです。

■まとめ

①マインド・ワンダリングで、不幸な気分になる。
②マインド・ワンダリングは、ストレスを悪化させる。
③マインドフルネスは、マインド・ワンダリングの対極。
④スマートフォンのうわの空使用が、日々の不注意と関係。
⑤いつまでもクヨクヨとすると、脳が疲れて、疲労を感じる。

⑥マインドフルネスの訓練は、脳を疲れさせないようにする。

4 マインドフルネスで変わる——脳や遺伝子の変化

ネガティブ感情を抑制し、ポジティブ感情を増幅する

マインドフルネスの訓練を行うと、集中力が増し、マインド・ワンダリングを抑制します。そして、余計なことを考えないようになるため、感情も安定してきます。このような効果は、長い間、経験的に知られていました。近年の研究では、マインドフルネスの訓練の有効性やそのメカニズムについて、科学的な裏付けがなされ始めています。

マインドフルネスの実践にはいろいろありますが、臨床で使用されている一つの方法が、シーガルらによって開発された「マインドフルネス認知療法（MBCT）」です。この認知療法には、静坐《せいざ》しての瞑想（「座禅瞑想」）や歩行しながらの瞑想（「歩行瞑想」）が含まれます。

オックスフォード大学の精神医学者クイケンらによると、マインドフルネス認知療法

は、うつ病の再発率に関して、抗うつ薬による治療と同じくらいの効果があるとしています[7]。反復性のあるうつ病患者を二つに分け、一つのグループでは、8週間のマインドフルネス認知療法と抗うつ薬を徐々に減らすか中止するためのサポートを行います。もう一方のグループでは、抗うつ薬による治療のみを行いました。その結果、治療後2年間のうちに、うつがぶり返すまでの時間は、二つのグループ間で差がありませんでした。マインドフルネス認知療法のグループでは再発した人の割合が44%であるのに対し、抗うつ薬による治療のグループではその割合は47%だったのです。また、うつにならない日数やその後のうつ症状などについても、グループ間で差がありませんでした。つまり、**うつ再発の予防に関しては、マインドフルネス認知療法は、抗うつ薬治療と同程度の効果があると言えます。**

瞑想の恩恵は、うつ状態のようなネガティブな感情の抑制だけではありません。ポジティブな感情を増幅し、人との結びつきを強くします。瞑想とヨガを組み合わせた訓練により、思いやりが増す事例があります[8]。週1回、8週間にわたって瞑想のレッスンを受けるグループ（介入群）とそのレッスンに参加するために順番を待っているグループ（対照群）に分け、これらのグループの行いを比較する実験があります。この時、宗教的な影響を受けないように、瞑想のレッスンは、特定宗派に属さない会場で行いました。そして、

8週間のレッスン終了後、実験参加者には待合室のいすに座って待ってもらい、その時に、苦しそうな演技をしている人を登場させます。待合室には、他にもいすが二つありますが、それらのいすには、実験に共謀する二人の人がすでに座っていて、席がないという設定です。すると、瞑想のレッスンを受けた人は、そうでない人よりも、苦しそうな人に席を譲る傾向が見られました。瞑想のレッスンを受けることで、人にやさしくなるわけです。

この実験結果は、社会的にも意味があります。実験に共謀する二人は、困っている人を助けない役も担っています。たとえば、駅の構内で誰か倒れた人を目にしても、周囲の人たちが助けを差し伸べない状態では、倒れた人を助ける傾向が低下します。「傍観者効果」と言います。瞑想には、傍観者効果を緩和する効能があるわけです。つまり、瞑想は、お互いに住みやすい社会をつくる可能性を秘めていることになります。

マインドフルネスで脳が変わる

環境に順応し、脳は変わります。こうした脳の変化を「神経可塑性《しんけいかそせい》」と呼びます。もし、そうであれば、現代の生活でストレスを感じないように、脳が変わってくれればよいと思うでしょう。すると、毎日を平穏に暮らせるようになります。

実は、マインドフルネスは、そのための一つの方法であることが分かってきました。マインドフルネスに焦点をあてた瞑想（以後、「マインドフルネス瞑想」）により、脳の構造が変化して、身体がストレスから回復しやすくなるのです。

マインドフルネスの実践には、カバットジンによって開発された「マインドフルネス・ストレス低減法（ＭＢＳＲ）」という方法もあります。この方法では、マインドフルネスの能力の育成に、ヨガやマインドフルネス瞑想（坐禅瞑想、ボディースキャンなど）を行います。

ハーバード大学医学大学院の心理学者ヘルツェルらによると、**マインドフルネス・ストレス低減法を行うと、学習や記憶、興奮のような一時的で急激な感情の制御にかかわる脳の部位に変化が生じます**[9]。彼らの実験では、瞑想経験がほとんどない人に、8週間にわたるマインドフルネス・ストレス低減法の訓練を行ったところ、訓練前と比べて、左海馬の灰白質密度が増加していました。一方、マインドフルネス瞑想を行わない人には、こうした変化は見られません。訓練前には、二つのグループ間で灰白質密度に違いがなかったにもかかわらず、訓練後には、灰白質密度の変化にグループ間の違いが生じたのです。海馬は、感情の制御に寄与するだけでなく、大脳皮質の覚醒や反応と関わっているため、瞑想の恩恵を仲介する重要な役割を果たしているとされています。マインドフルネス瞑想の訓練によって、海馬が構造的に変化したことは、感情反応の制御機能が改善したと考えられます。マインドフルネス瞑想で、ストレスにうまく対処できるようになるわけです。

ストレスに強くなるマインドフルネス

マインドフルネス瞑想で、ストレスに過敏に反応してしまう扁桃体の灰白質密度が減少することも分かっています。[10] 瞑想やヨガの経験があまりなく、ストレスを訴える人に、8週間にわたるマインドフルネス・ストレス低減法の訓練を行ったところ、ストレスが減るだけでなく、右扁桃体の灰白質密度も減っていました。こうした結果は、年齢や性別に関係なく、当てはまりました。

それだけではありません。マインドフルネス瞑想は、ストレスと関連する脳領域間の結合を弱めます。ピッツバーグ大学の神経科学者タレンらは、マインドフルネス瞑想が、失業者の脳領域間の結合に与える効果を実験しています。[11] 神経画像を見ると、強いストレスを感じている失業者は、右扁桃体と前帯状皮質膝下部に強固な機能的結合が見られました。脳の領域間は機能的に結びついていますが、ストレスがかかると、闘争・逃走反応に関連した領域である扁桃体との結びつきが強くなるのです。そこで、彼らのうち半分の人には、マインドフルネス・ストレス低減法を凝縮した3日間の集中訓練を行いました。訓練には、坐禅瞑想や歩行瞑想などマインドフルネス瞑想を含みます。もう半分には、散歩やストレッチなどのリラックスをする活動を同じ期間行いました。この際、マインドフル（現在への集中）ではなく、安らかなやり方を強調します。その結果、マインドフルネス瞑想の訓練を受けた人は、そうでない人に比べて、右扁桃体と前帯状皮質膝下部の機能的結合が弱まっていました。

結論として、ストレスは、扁桃体と前帯状皮質膝下部の機能的結合を強くします。しかし、マインドフルネス瞑想には、そうした結合を弱めて、ストレスを緩和する可能性があります。注意深い読者のために、もう少し厳密に言うと、マインドフルネス瞑想の訓練で、扁桃体の安静時における機能的結合が弱くなっていました。安静時を分析するのは、外部刺激による脳への影響を除外する工夫です。つまり、機能的結合の変化は、他の刺激によるものではなく、マインドフルネス瞑想の効果だというのです。

これらの研究結果は、マインドフルネスに基づいた瞑想で、ストレスとうまく付き合っていけるようになることを示しています。感情の爆発を抑制したり、ストレスホルモンの分泌を減少したりする可能性があるからです。

マインドフルネスで免疫強化

図表3-2　電極の配置

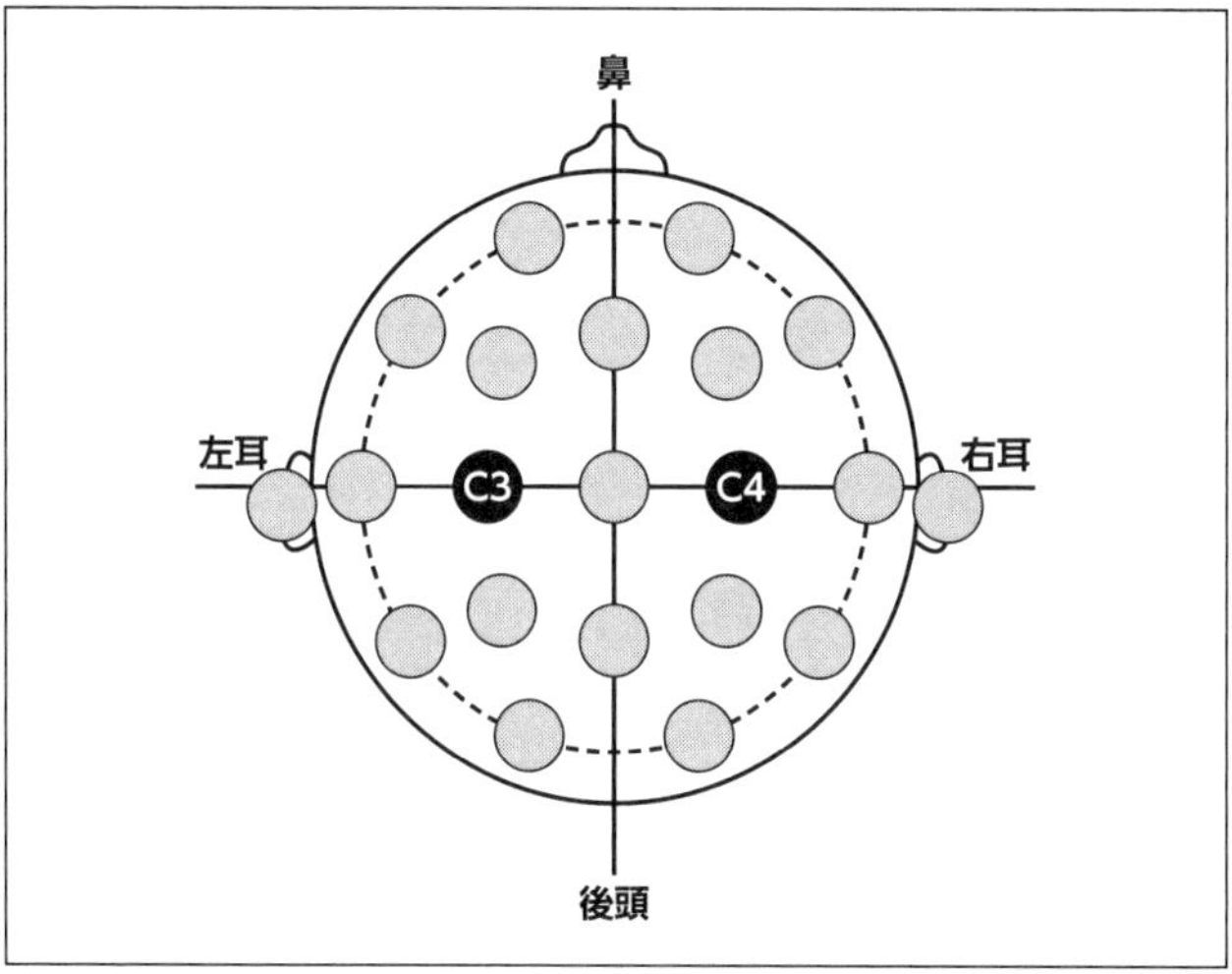

マインドフルネス瞑想は、免疫機能にもよいとされています。ウィスコンシン大学マディソン校の神経科学者デビッドソンらは、ポジティブな感情と関係する脳の部位の活動が活発になり、インフルエンザに対する抗体価が増す、としています。[12] 8週間にわたるマインドフルネス・ストレス低減法を行い、職場で働く健康な従業員の脳と免疫機能を見たところ、瞑想の訓練をした人は、そうでない人より、脳の中心部（電極記号C3とC4）において、左側の活動が大きく観察されたのです。瞑想の訓練前には、両者の脳波に差はありませんでした。特に、瞑想の訓練をし

た人は、ポジティブな感情が起きている時に、左前方の活動が活発になっていましたが、そうでない人には変化がありませんでした。また、インフルエンザのワクチンを接種された時の抗体反応についても、瞑想の訓練をした人は、そうでない人より、抗体価が増加していました。

違いはそれだけではありません。瞑想の訓練をした人では、脳の左側の活動の活発化と抗体価の増加には相関がありました。しかし、瞑想の訓練をしていない人には、こうした相関は認められませんでした。デビッドソンらによるこれらの研究結果は、**短期間のマインドフルネス瞑想が、脳や免疫機能をよりよく変える可能性を示しています。**

他にもマインドフルネス瞑想が関係する免疫機能の改善があります。免疫の調整と関連するインターロイキン6は、高いストレスを感じている人に増えるバイオメーカー（疾病などの存在や進行度を濃度に反映する）です。カーネギーメロン大学の心理学者クレスウェルらによると、失業のストレスを抱える人に、3日間のマインドフルネス・ストレス低減法の集中訓練を行って、訓練後の血液サンプルを見たところ、訓練をした人は、散歩やストレッチなどのリラックス活動だけを行った人に比べて、インターロイキン6の水準が低下していました。[13] 訓練前には、両者でその水準に差が見られなかったことから、マインドフルネス瞑想には、インターロイキン6の水準を減らす効果があったことになります。

また、過重なストレスによって悪化する全身性炎症の進行度は、血液中のインターロイキン6の水準で分かります。全身性炎症とは、病気、けが、手術などで体を傷つけた場合の体の防御反応です。マインドフルネス瞑想により、その水準が減ると、全身性炎症の進行を緩和してくれることになります。

遺伝子も変わるマインドフルネス

マインドフルネス瞑想の効能として、遺伝子レベルの変化も報告されています。ウィスコンシン大学マディソン校の神経科学者デビッドソンらは、マインドフルネス瞑想により、炎症を促進するRIPK2（セリンスレオニンタンパク質キナーゼの受容体共役タンパク質2）やCOX2（シクロオキシゲナーゼ2）と呼ばれる遺伝子などが非活性化し、ストレスホルモンの一つであるコルチゾールの値が減少するのではないかとしています。身体がストレスから早く回復するメカニズムを、遺伝子レベルから解明しようとしているわけです。

注目を集めた研究の一つなので、少し詳しく見てみましょう。[14] 実験では、瞑想経験が豊かな人のグループには、坐禅瞑想や歩行瞑想などを含む1日版マインドフルネス・ストレス低減法を行い、一方、瞑想経験がない人のグループには、1日中、読書やコンピューターゲームなどの娯楽を行ってもらいます。どちらも8時間のプログラムです。

その結果、マインドフルネス瞑想をした人は、娯楽をした人に比べ、HDAC2、HDAC3、HDAC9（HDAC：ヒストン脱アセチル化酵素。炎症経路を調整する）という遺伝子発現（細胞内で遺伝子のスイッチが入る）が減っていました。また、マインドフルネス瞑想をした人では、炎症過程で重要な役割を果たすRIPK2の応答低下が見られました。それだけではありません。炎症経路を調整するHDAC2、HDAC3、HDAC9と炎症を促進するRIPK2の発現の間には、相関が見られました。さらに、マインドフルネス瞑想をした人は、娯楽をした人に比べ、COX2の遺伝子発現も減っていました。つまり、マインドフルネス瞑想は、いろいろな遺伝子の発現に、影響があることになります。

RIPK2やHDAC2の遺伝子発現は、コルチゾールの回復との関係性も指摘されています。TSST（人前でスピーチや暗算をするテスト）により、急性心理的なストレスを体験した実験参加者の唾液のコルチゾール水準を分析したところ、コルチゾールの回復と瞑想後に低水準であるRIPK2やHDAC2との間には、関係が見られたからです。

これらの結果を総合すると、こうした遺伝子の発現を通じて、マインドフルネス瞑想によるストレス軽減のメカニズムが生じているかもしれないことになります。さらに、余談ですが、**マインドフルネス瞑想には、がんの進行を抑える可能性もあります。**マインドフルネス瞑想により、COX2という遺伝子が非活性化することはすでに述べましたが、このCOX2は、がん細胞が増殖する原因となることもあるためです。

マインドフルネス瞑想は、体内のいろいろな部分を変化させ、幅広く心身の健康を改善する可能性があるのです。

■まとめ
①マインドフルネス認知療法は、うつ病の再発率に関して、抗うつ薬と同程度の効果。
②マインドフルネスの訓練により、思いやりの心が増す。
③マインドフルネスの訓練により、感情の制御に関わる脳の部位が変化する。
④マインドフルネス瞑想を行うと、ストレスに過敏に反応しなくなる。
⑤マインドフルネス瞑想は、脳だけでなく、免疫機能にもよい影響。
⑥短期間なマインドフルネス瞑想でも効果を期待できる。
⑦マインドフルネス瞑想は、遺伝子の発現にも影響。

5　アクセプタンス&コミットメント・セラピー（ACT）——価値観と行動

幸福を追求しないのがよい理由

マインドフルネスでは、客観的に思考を観察し、その思考をありのまま受け入れます。こうした手法に基づきながら、人生の方向性を定め、納得のいく人生を求めて、行動することを提唱する方法もあります。それが、「ACT」（アクセプタンス&コミットメント・セラピー）[15]です。英語表記の頭文字をとって略したACT（アクト）は、英単語で「行動する」という意味もあります。

心理療法の一つであるACTは、マインドフルネスに、人生の価値観の確立とその遂行（行動）の重要性を付け加えたものです。ネガティブな思考や感情とうまく付き合い、意義のある人生にするためには、人生の指針や心のよりどころに基づいて、行動するように提唱しています。

ACTにはいくつかの柱があります。まず、**幸福になることを追求しません**。幸福になることは難しいからです。その難しさは、進化の過程と関連しています。闘争・逃走反応で見たように、生き延びるためには、不安を感じることが役に立ちます。悪い事態を想定すれば、危機の回避に備えられるからです。また、集団の一員として生きるには、周囲に嫌われないように、空気を読みすぎる癖がつきます。つまり、生きていくうえで、ストレスを避けることはできません。そこで、つらい状態を緩和させる手立てとして、マインドフルネスを導入しています。ネガティブな思考や感情を受け入れ、過去の悩みや未来の不安ではなく、今この瞬間に注意を向けるようにするのです。

感情のコントロールはよくない

ネガティブな感情をなくそうとしたり、それから目を背けたりすることは、「コントロール戦略」と呼ばれます。感情をコントロールしようとするからです。たとえば、悪いことを考えないようにすることは、そうした戦略の一つで、「思考抑制」と呼ばれます。

ACTは、コントロール戦略に否定的です。短期的には有効でも、長期的には反動が起こるからです。ネガティブな感情が消えるのは一時的で、すぐにまた、自分は弱くダメな人間だ、と否定的に考えたりします。また、無理にコントロール戦略を続けると、薬物やアルコール依存症、拒食や過食、うつなどの問題を引き起こす危険があります。さらに、重度なストレスにはあまり効かないことも多くあります。そのため、ACTでは、無理にネガティブな思考から逃避したり、なくそうとしたりしないほうがよいと考えています。

むしろ、それらを受け入れて、とらわれないようにするのです。

受け入れることとは、抑制して我慢することとは違います。イメージが湧くように、ダイエットの場合を考えてみましょう。ダイエットがなかなか続かないと、自分はダメな人間だ、と思うかもしれません。そこで、ネガティブな思考を客観的に観察し、「私は、自分は誘惑に負けやすいダメな人間だ、という考えを持っている。」と自覚してみます。ACTでは、「脱フュージョン」と呼ばれる手法です。自分はダメな人間、ということを真実だととらえると、クヨクヨして、みじめな感情が湧き上がってしまいます。しかし、真実は違います。単に、自分に自信を持てないという悲観的な考えを持っているに過ぎません。そこで、一歩引いて、「私は……という考えを持っている」と自覚するわけです。

これは、自己啓発本にあるような自己肯定感を高めることとは違います。ACTでは、むしろ、自尊心はいらないとしています。低い自尊心が不要なのは分かりますが、高い自尊心も不要なのです。高い自尊心を保つ努力は、自分を疲弊させるからです。高い自尊心は、よく仕事のできる人に見られます。ただ、自尊心は、自分に対する主観的な価値判断に過ぎません。自分が劣った人間とか、優れた人間とか考えるのは止めて、不完全である自分をありのまま受け入れることを勧めています。

「ネガティブな思考や感情を受け入れる」という感覚は、分かりづらいかもしれません。

こうした手法は、嫌いな人との関係で見ると、多少分かりやすくなります。たとえば、嫌いな相手がこの世からいなくなればよいと思ったとします。しかし、相手の不幸を願う自分にも嫌気がします。そこで、ネガティブな思考を避けようとすると、逆に、そのことばかり気になってしまうでしょう。そんな時には、無理に相手を好きになる必要はありません。嫌いというネガティブな思考をなくすことが目的ではないのです。また、自分の思うように、相手を変えようと努力する必要もありません。ただ、**あるがままの存在を認めるのです**。世の中にはいろいろな背景（政治的、宗教的、文化的）の人がいます。自分と違う考えを持っていて、意見が衝突するのも当然だと認識するわけです。

永続する幸せには、価値観に基づいた行動が鍵

ACTのもう一つの柱は、人生の指針を示す自分なりの価値観を持ち、充実した人生になるように行動することです。行動を重視する背景には、思考や感情のコントロールは容易ではないですが、行動はコントロールしやすいというスタンスがあります。

特定の感情は、特定の行動を起こしやすくします。その一例は、不安を感じた時、早口になることです。こうした感情と行動の結びつきを「行動傾向」と呼びます。しかし、行動傾向は、クセみたいなものです。感情と行動は別物なので、切り離せます。不安に感じ

ても、ゆっくり話すことは可能なわけです。つまり、**行動はコントロールできる**のです。

価値観を実践する行動のために、まず、目標を書き出してみましょう。書き出すと、考えるだけよりも、行動を起こしやすくなります。たとえば、家族との時間を大切にすることが、あなたの価値観で重要なことだとします。簡単な行動目標を設定してみましょう。毎週、水曜日の夜、子供に読み聞かせをするでも構いません。私たちは、自分で価値があると思うものには意欲的に取り組みますし、その過程で生じる困難にも耐えられます。少しくらい疲れていても、絵本に興奮する子供の顔を見たら、もう3分余計に読んであげるでしょう。そうした行動は、人生における持続性のある満足や充足感をもたらします。

また、行動を起こすことで、ストレスの主要な原因である人間関係も改善するかもしれません。私たちは、自分の行動をコントロールできますが、相手の思考や行動をコントロールできません。しかし、自分の行動で、相手に影響を与えられます。この時、感情的に振る舞うよりも、自分の価値観に基づいて、首尾一貫した行動をしたほうが、相手の心を動かすでしょう。こうした行動の積み重ねは、人間関係をよい方向へ変えてくれます。

ただし、いくつかの注意点があります。まず、目標の達成にこだわるよりも、価値観に基づいて、行動し続けることです。充実感を得られるのは、行動の最中だからです。また、ネガティブな感情を排除しようとしてはいけません。成長のように、変化を起こす行動には、必ず苦痛を伴います。苦しいという感情は、忌み嫌う経験ではなく、当たり前のことなのです。最後に、未来でも過去でもなく、現在に集中しましょう。行動を起こせるのは、現在だけです。今、この瞬間にできることを考え、うまくいかなくとも、繰り返し、何度でも試してみてください。そうすれば、自然と充実した人生になっていくはずです。

信仰や悟りではなく、自分に求める価値観

こうしたＡＣＴの主張は、幸福をどうとらえるかに依拠しています。ＡＣＴでは、幸福を二種類に分類します。一つは、うれしい、楽しいとか気持ちがよいなどの一時的な感覚です。ただ、こうした感覚を追求すると、結局不幸になります。もう一つは、人生に意義や価値を見出す生き方です。これは、人生という長い期間を通じて、深い喜びと満足・充実感を与えてくれます。しかし、人生を意義のあるものにしようと一生懸命頑張る過程で、ポジティブな思考や感情だけでなく、ネガティブな思考や感情を経験することは避けられません。そこで、ネガティブな思考や感情との付き合い方を示しているのです。

思考や感情を受け入れ（アクセプタンス）、今この瞬間とつながり（コミットメント）、意義のある人生のための行動を提唱するＡＣＴ。ＡＣＴの方法論には、宗教やスピリチュアル信仰の教えと似た点もあります。しかし、ＡＣＴは、宗教とは一線を画し、呪文も唱え

図表3-3　ACTの提唱する方法

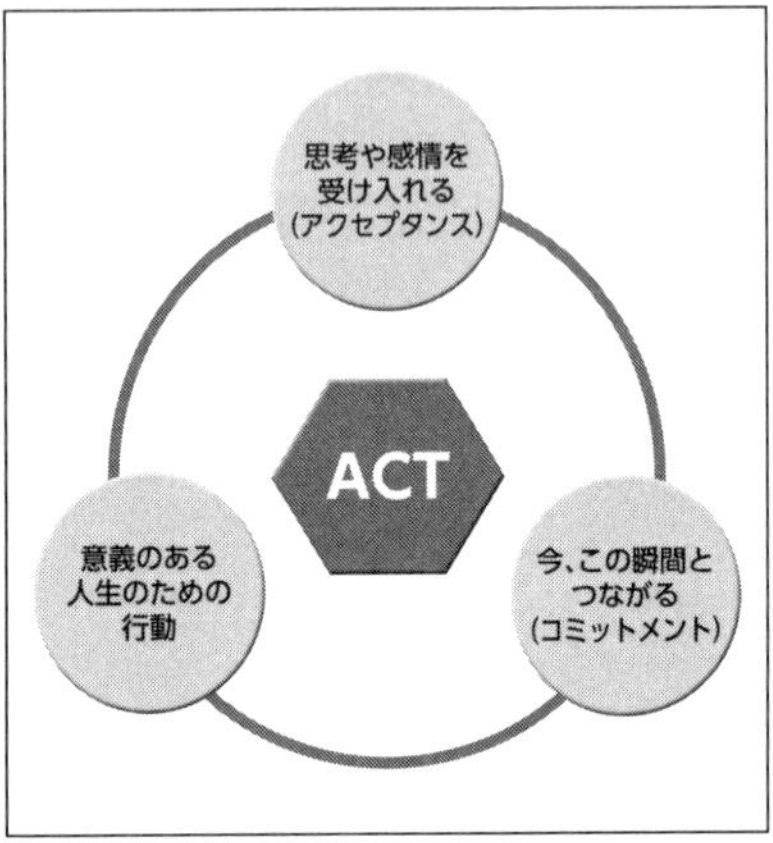

ないし、数珠やお香も使用しません。宗教では、神や仏、高僧を信じて、それらにすがること、つまり、信仰が求められます。一方、**ACTでは、自分なりの人生の価値観や人生の方向性・目的をよりどころにしています。**信仰は求められません。価値を外に求めるのではなく、自分の内なるもの、自分自身に求めているのです。また、ＡＣＴでは、苦痛がないような悟りを目指していません。苦痛のある人生という現実を受け入れるところから始まり、よりよく生きるために、努力し続けることの大切さに主眼を置きます。ＡＣＴには、宗教との違いも多く見られるわけです。

宗教には、素晴らしい教えが多く含まれています。しかし、歴史を見てみると、私たちを幸せにするはずの宗教に起因した争いも絶えません。宗教とは一線を画すＡＣＴの主張。それは、信仰を重視しすぎる弊害として、目に見えない呪縛にとらわれる危険を示唆するようにも受け取れます。現在、私たちは、民族や国境、主義主張を超えた情報にアクセスできるようになり、一つの世界に相反するいろいろな立場の人がいることを知っています。同質的なコミュニティーに、一つの教義という時代ではなくなりつつあるのです。多様性が尊重される今後の社会において、自分自身の内側に価値を求めるという方向性は、それがすべてではないとしても、傾聴に値すると感じます。

■まとめ

①マインドフルネスだけでなく、人生の価値観を遂行する行動が大事。
②幸福を追求することに、こだわらないほうがよい。
③ネガティブな思考や感情の抑制は、長期的には悪影響。
④不完全である自分をありのまま受け入れる。
⑤人生の指針を示す自分なりの価値観を持つ。
⑥意義ある人生を送るには、価値観を実践する行動が必要。

6　伸びしろが期待されるマインドフルネス——第三世代の認知行動療法

マインドフルネスは万能なのか

ここまで、マインドフルネスの効果や可能性について見てきましたが、実は、マインドフルネスに対しては、批判や懐疑的な見解もあります。本書は、マインドフルネスの伝道書ではないので、公平を期して、批判的な見解についても触れておきましょう。

批判の矛先は、マインドフルネスに対する過信です。一般の人は、マインドフルネスに基づいた治療効果には、きちんとした臨床の裏付けがある、と誤解しているというのです[16]。確かに、研究の中には、問題があるものもあります。スマートフォンのアプリで数分瞑想した効果と8週間にわたる瞑想訓練による効果が、どちらも同列にマインドフルネスの効果として扱われたりするからです。研究手法（実験やデータ分析の方法など）をきちんと吟味しないことには、信頼に値しない結果もあるわけです。また、治療対象である障害によっては、マインドフルネスの効果が全くなかったりもします。

しかし、前節まで見てきたように、マインドフルネスの効果が認められている症状も多くあります。そこで、その効果を個々に調べるのではなく、これまでの研究結果をまとめて、統計的に検証しようという試みがあります。「メタ分析」と呼ばれるものです。

トゥウェンテ大学の心理学者ボールメイジャーらのメタ分析によると、**マインドフルネス・ストレス低減法は、慢性身体症状症および関連症群（慢性身体性障害とも言われ、うまく説明ができない身体的な症状を訴える精神障害）を患う人のうつ状態や不安、精神的な苦悩を緩和します**[17]。がん、慢性疼痛《とうつう》、線維筋痛症（リウマチ性疾患）、慢性疲労、関節リウマチの治療を受けており、慢性身体性障害を訴える実験参加者の精神状態が改善したのです。

彼らの分析では、2008年までに出版された過去約50年にわたるマインドフルネス・ストレス低減法に関する論文のうち、きちんとした研究である8本の論文を対象としています。きちんとした研究とは、治療を受けるグループと受けないグループに分けて、その二つのグループを比較している論文です。治療を受けていないグループ（対照群）と比較せず、治療を受けるグループ（介入群）のみで効果を測定すると、治療以外の要因が、測定される効果に影響する可能性があるからです。8本という数から、きちんとした検証をしている論文が、意外に少ないことが分かります。

ただ、マインドフルネスに関する研究論文は、2005年以降に急速に数が増えており、研究手法も洗練されてきています。前節でご紹介した論文でも、常に二つのグループを比較していたことに、お気づきになったのではないでしょうか。また、これらの論文は、最近の研究成果が中心であるだけでなく、他の論文で多く引用されているものを選んでいます。引用数が多いということは、学問的功績が認められていることの一つの証明になります。

ボールメイジャーらの分析によると、**マインドフルネス・ストレス低減法が、うつや不安、精神的苦痛を和らげる効果は小程度としています。**効果の程度が小さいことに対しては、いくつかの可能性が指摘されています。まず、対象となった研究では、当初の症状が軽かったため、マインドフルネス・ストレス低減法による改善の余地が少なかったことです。検証対象となった論文がわずか8本ということからも、いろいろなケースを研究することにより、効果の程度が変わってくる可能性があります。また、マインドフルネス・ストレス低減法は、うつ状態の治療のためではなく、慢性疼痛を患う人のストレスに対処するために開発された方法です。このため、うつ状態の人のために、マインドフルネス・ストレス低減法を採用し、認知療法の要素も取り入れて開発されたマインドフルネス認知療法であれば、より効果が期待できると考えられています。

特定の障害ではなく、健康全般に与える影響についてメタ分析すると、マインドフルネス・ストレス低減法の効果の程度が強くなります[18]。少し古い研究（2000年初頭までの論文が対象）になりますが、きちんとした分析（対照群を使い、6週間から12週間にわたるマインドフルネス訓練の効果を検証）している13本の論文を分析すると、マインドフルネス・ストレス低減法による心身の健康への効果は中程度となっています。分析に使用された論文を見てみると、心理的な健康にはうつや不安、過食性障害などが、一方、身体的な健康には慢性疼痛、冠動脈疾患、線維筋痛症、肥満やがんの診断などが含まれています。つまり、**マインドフルネス・ストレス低減法は、幅広い慢性疾患の緩和に役立つ結果になっているのです**。ただ、マインドフルネス・ストレス低減法の訓練直後に測った効果を対象としており、長期的な効果については分かりません。

こうしたメタ分析の対象は、マインドフルネスの実践で中心的な役割を果たしてきたマインドフルネス・ストレス低減法です。それ以外にも、マインドフルネス・ストレス低減法とアートセラピーを組み合わせた「マインドフルネス・アートセラピー」という実践法もあります。座禅瞑想や歩行瞑想などに加え、指示されたアート制作を行うものです。トーマス・ジェファーソン大学の医師モンティーらによると、8週間にわたって、通常医療とともに**マインドフルネス・アートセラピーを受けたがん患者は、通常医療のみを受けたがん患者より、精神的苦悩の症状が大幅に緩和しました**[19]。セラピー終了直後（8週目）だけでなく、16週目に行われた追跡調査でも、その結果は同じです。マインドフルネス・アートセラピーは、がん患者によい効果を与える結果となっています。マインドフルネスは、それぞれの実践法によって、着々と成果を積み上げているわけです。

これまでの研究結果を総合してみると、マインドフルネスにはいろいろな効能があります。まず、慢性疾患に関連するストレス症状には、ある程度の効果が認められています。また、遺伝子発現などを通じて、病気の進行を遅らせる可能性があります。しかし、万能というわけではなく、今のところ、がんなどの重篤な病気の治癒は、期待できません。マインドフルネス・アートセラピーを行ったがん患者は、そうでないがん患者より、心理的には改善しましたが、身体的な効果は見られませんでした。つまり、**マインドフルネスは、病気とうまく付き合えるように手助けしてくれる、という理解のほうがよい**ようです。

いろいろな認知行動療法のアプローチ

マインドフルネスに対する批判には、定義があいまいという指摘もあります。確かに、その概念は分かりやすくはありません。また、マインドフルネスの実践にも、いろいろな方法が提案されています。定義やその実践法が異なると、研究による効果の判断に、一般的な結論を導けません。似たような混同は、マインドフルネスの和書にも見られます。考え方が違ういくつかの方法を組み合わせて、ハイブリッドの実践法が紹介されているのです。よく見られるのが、第二世代と第三世代の認知行動療法の組み合わせです。

しかし、この二つでは、治療における焦点が異なります。第2章で取り扱った第二世代の認知行動療法では、「認知のゆがみ」と呼ばれる考え方の癖がポイントです。この癖を直すことで、ネガティブな思考ではなく、ポジティブな思考になるように努めます。また、思考を変えることで、行動も変えていこうとします。一方、第3章で取り扱った第三世代の認知行動療法とされるマインドフルネスでは、認知の修正は行いません。むしろ、ネガティブな思考や感情を受け入れます。思考を客観的に観察し、（心や頭の中での）妄想として、現実の事実から、思考を切り離します。認知から距離をとることで、衝動的な行動をうまく抑えられるようにするわけです。

また、第三世代のマインドフルネスにも、いくつかの方法が提唱されており、すべてが同じではありません。マインドフルネスに基づいた認知療法には、慢性の痛みなど身体の問題に有効性が認められているマインドフルネス・ストレス低減法があります[20]。その後、シーガルらによって、開発された[21]マインドフルネス認知療法には、うつ病の再発予防効果が認められています。第三世代の認知行動療法には、前節で紹介したACTも含まれます。ポジティブ思考になろうと頑張らない点で、これら第三世代の実践法は共通していますが、行動への働きかけという点では、第三世代の実践法の間でも違いが見られています。

ベストな認知行動療法はどれか？

マインドフルネスと第二世代の認知行動療法では、どちらが有効かと思われるかもしれません。ワシントン大学の疫学者チャカーキンらは、慢性腰痛の患者を三つのグループに分け、それぞれのグループに対して、マインドフルネス・ストレス低減法、第二世代の認知行動療法、通常の治療を行い、その効果を比較しています[22]。マインドフルネス・ストレス低減法では、ボディースキャン、ヨガや瞑想を通じて、8週間にわたる訓練を行います。痛みに特化した特別な訓練ではなく、通常のマインドフルネスの訓練です。一方、認知行動療法では、痛みに関する考え方や行動を変える訓練を行います。具体的には、①痛み、思考・感情・身体反応の関係、睡眠衛生や再発予防についての教育を受け、②認知のゆがみの修正、行動目標を設定・目標達成の努力、リラックス方法（腹式呼吸・段階的筋弛緩法・イメージ療法など）や痛みへの対処法の教育および訓練を行います。

その結果、マインドフルネス・ストレス低減法と第二世代の認知行動療法を行った人は、通常の治療を行った人より、背部痛や機能に大幅な改善が見られました。訓練開始から26週目の時点において、ローランド障害質問票（背部痛によって日常生活がどの程度阻害されるかについて測る尺度）への回答で見てみると、マインドフルネス・ストレス低減法で改善が見られた人の割合は61％、第二世代の認知行動療法で58％であるのに対し、通常

図表3-4　マインドフルネス・ストレス低減法vs.第二世代の認知行動療法

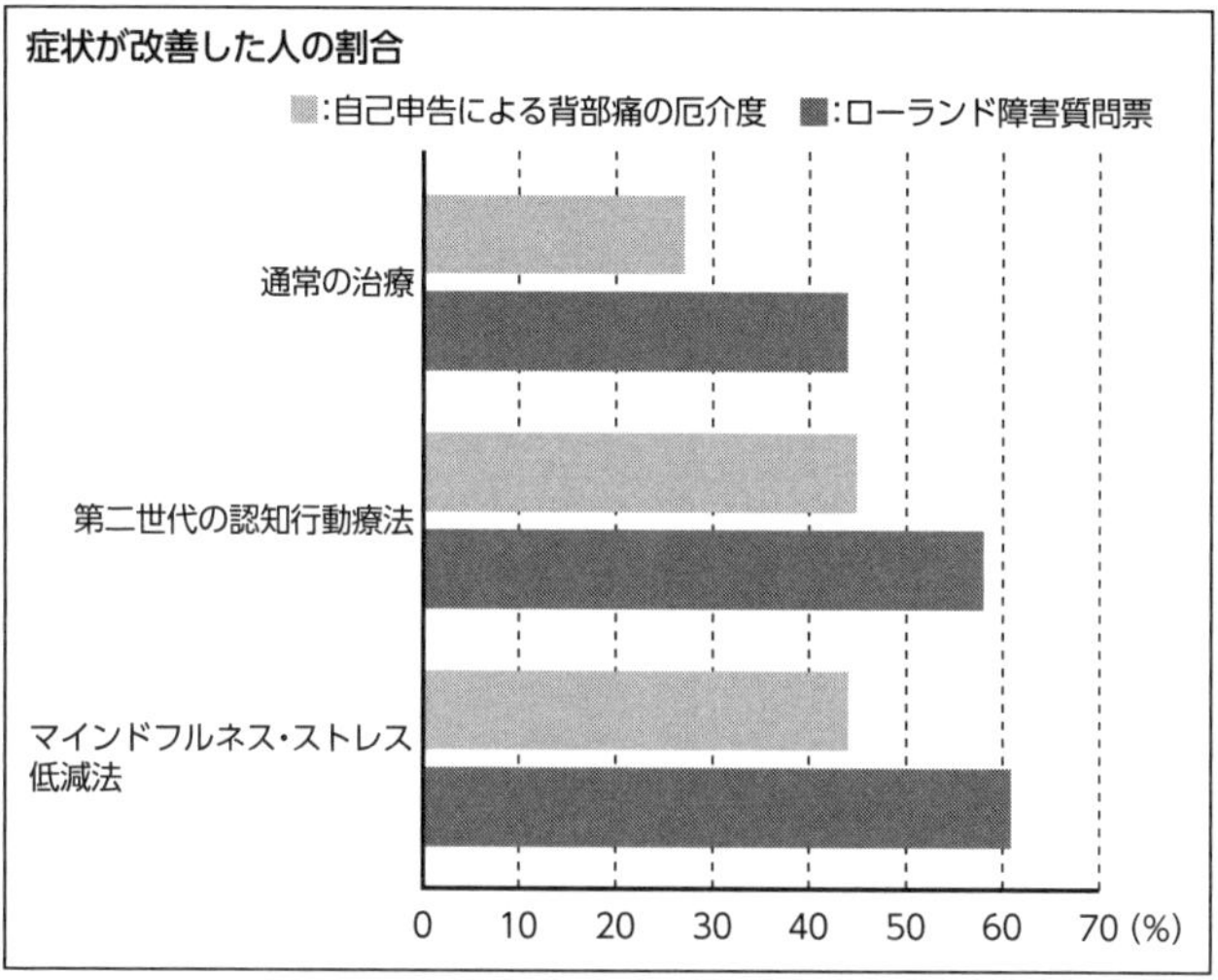

（Cherkin, et al.[2016]より、筆者作成）

の治療で改善が見られた人の割合は44%でした。また、自己申告による背部痛の厄介度で見てみても、同様な結果でした。マインドフルネスと第二世代の認知行動療法では、どちらが有効な方法とは言えないことになります。また、これらの結果は、52週目における追跡調査でも変わらず、いずれの方法による効果も、同じくらい長続きしていました。

マインドフルネス瞑想は、今日では数千億円規模の産業と言われています。HeadspaceやCalmなどの瞑想アプリもあり、App StoreやGoogle Playで簡単に入手できます。海外では、近くのカルチャーセンターでも、マインドフルネス教室が盛況です。

身近なマインドフルネスの訓練は、役立つこともあるでしょう。私たちが、日々感じるネガティブな感情とうまく付き合う手助けをしてくれ、日常的な苦悩や不安、怒りや悲しみなどを和らげてくれるからです。こうした感情を緩和し、溜め込まないようにする作用が期待できます。しかし、その実践法にはいろいろなものがあり、効果がある方法も、人によって異なります。このため、心理療法としての効果を期待するのであれば、きちんとした治療法の訓練を受けた専門家の指導に従うことが推奨されています。特に、現在医療機関で治療を受けている方は、専門家の指示に従っていただきたいと思います。

■まとめ

①マインドフルネスに対しては、批判や懐疑的な見解もある。
②マインドフルネスが万能というわけではない。
③マインドフルネス・ストレス低減法は、慢性の痛みなど身体問題に有効。
④マインドフルネス認知療法には、うつ病の再発の予防効果がある。
⑤マインドフルネス・アートセラピーで、がん患者の精神的苦悩の症状が大幅に緩

和。

⑥マインドフルネスは、病気とうまく付き合えるように手助けしてくれる。

⑦第二世代の認知行動療法と第三世代の認知行動療法では、治療の焦点が違う。

⑧マインドフルネスと第二世代の認知行動療法では、どちらが有効かは分からない。

第4章 自分に合った幸せを見つける

1　頼ること、頼られること――社会とのつながり

幸せな人のそばにいると、幸せになる

これまで見てきたように、幸せにはいろいろな要素があります。その中で、多くの研究に共通しているのが、社会とのつながりです。他者との結びつきが強い人は、そうでない人より、幸せで長生きです。幸せになるためには、人との結びつきが提唱されています。

では、どのようにして人と関わっていけばよいのでしょうか。結論は単純です。**幸せになりたければ、幸せな人のそばにいることです。**カリフォルニア大学サンディエゴ校の政治学者フォウラーとハーバード大学医学大学院の社会学者兼医師のクリスタキスによると、「幸せ」は、社会的なつながり（付き合いの輪）を通じて、伝播《でんぱ》します[1]。個人の幸せが、時間の経過とともにどのように波及するかを、20年にわたる追跡調査に基づいて研究した結果です。

図表4-1　幸福の伝播1

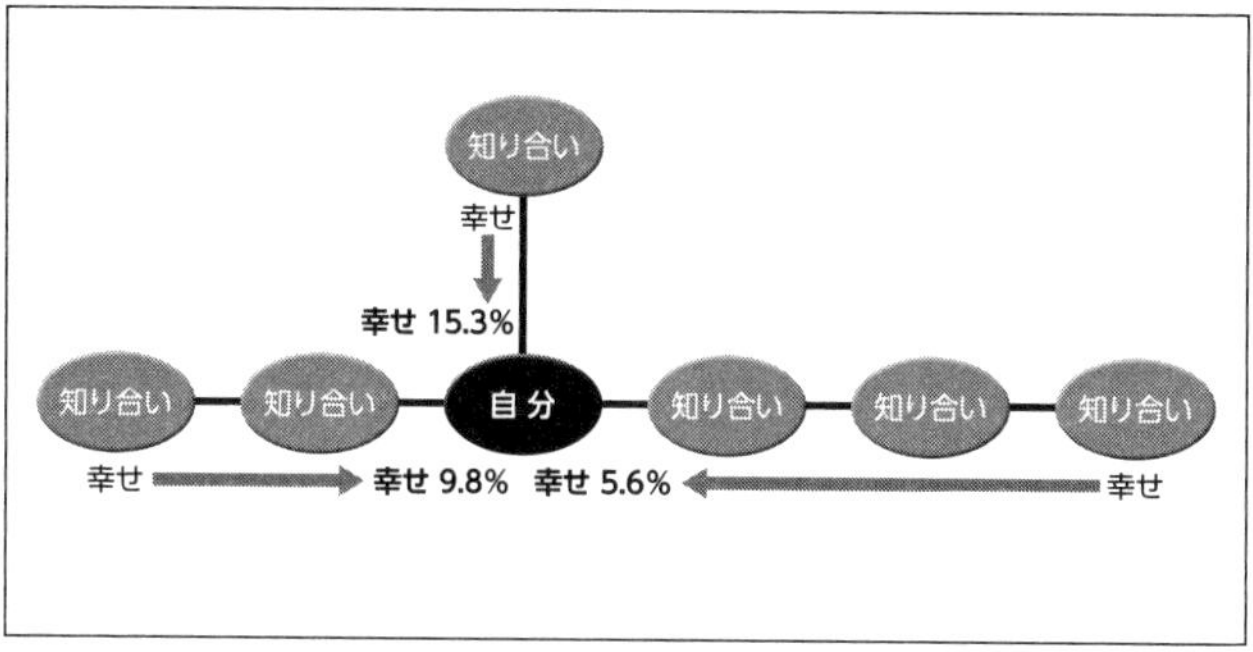

第一に、幸せな人は、幸せな人と付き合っている傾向があります。もし、直接の知り合いが幸せであれば、自分が幸せな確率が15・3％上がります。知り合いの知り合いが幸せであれば、自分が幸せな確率が9・8％上がります。さらに、知り合いの知り合いの知り合いが幸せであれば、その確率が5・6％上がります。

第二に、社会的なつながりの中核にいるほど幸せな傾向があります。ここでの「中核」とは、自分の友達数が多いことではありません。多くの人とつながりを持っている人が、自分の知り合いであることです。むやみに友達の数を増やすよりも、キーパーソンとつながっていることが大事なわけです。また、中核にいる人ほど、将来において幸せな傾向が見られるため、中核にいるから幸せになるのであり、幸せだから中核となるわけではないとされています。さらに、幸せであある知り合いの数が多いほど、将来自分が幸せになる確率が上がります。幸せな知り合いが一人増えると、幸せになる確率が9％上がり、不幸せな知り合いが一人増えると、幸せになる確率が7％下がります。

第三に、知り合いが幸せになったら、自分にどのような影響があるかは、知り合いのタイプによっても違います。

①友人

影響力のある身近な存在といえば、友人でしょう。近くの（1・6キロ以内にいる）友人が幸せになると、自分が幸せになる確率が25％上がります。しかし、遠くの（1・6キロ以上離れている）友人の場合には、自分への影響はありません。また、お互いが友人と認めあっている幸せな人が近所にいる場合には、自分が幸せになる確率が63％も上がります。親友の影響は大きいわけです。

②配偶者や兄弟姉妹

身近な存在には、配偶者や兄弟姉妹もいます。まず、同居する配偶者が幸せになった場合ですが、自分が幸せになる確率は8％上がります。一方、別居している配偶者の場合には、影響がありません。同じ家族でも、近所にいる兄弟の一人が幸せになった場合

図表4-2　幸福の伝播2

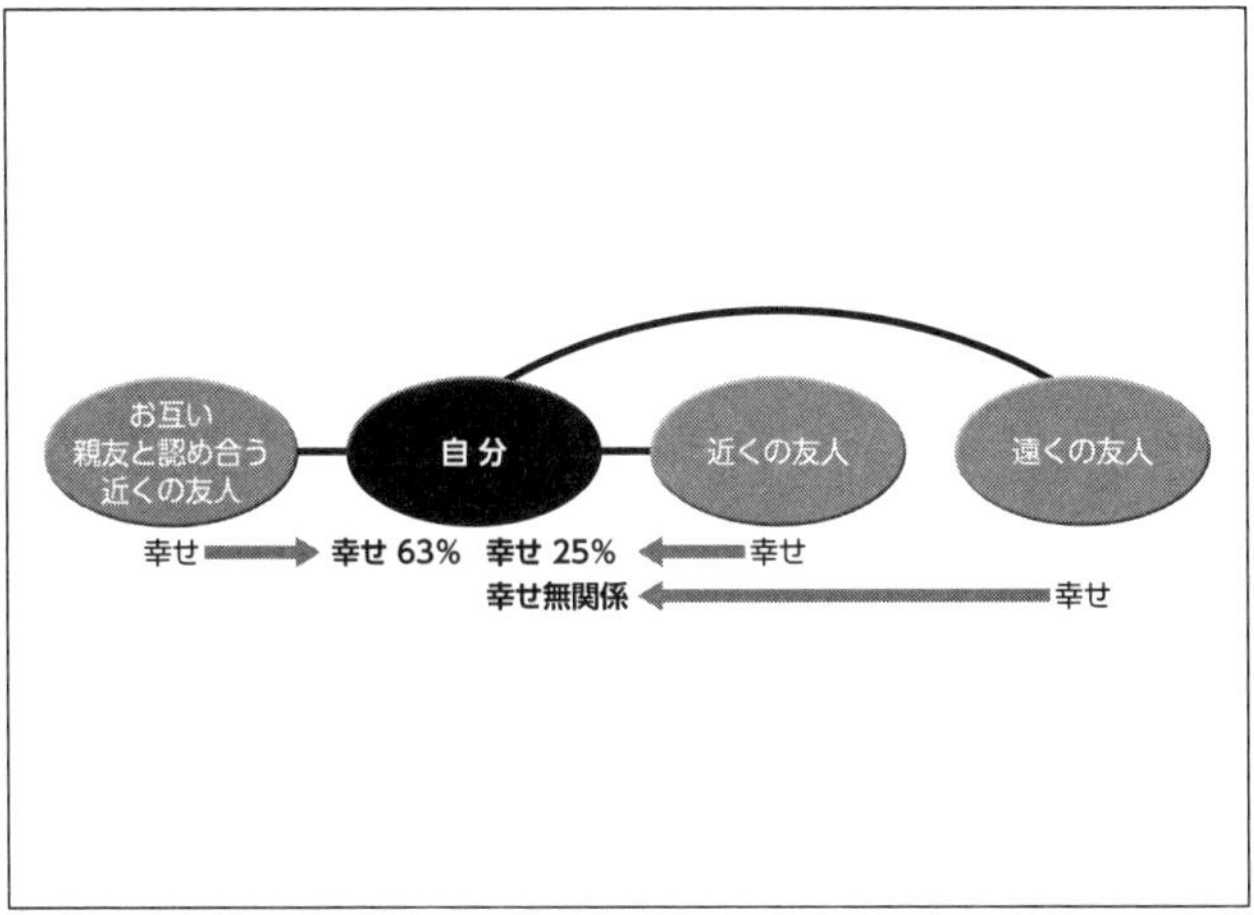

図表4-3　幸福の伝播3

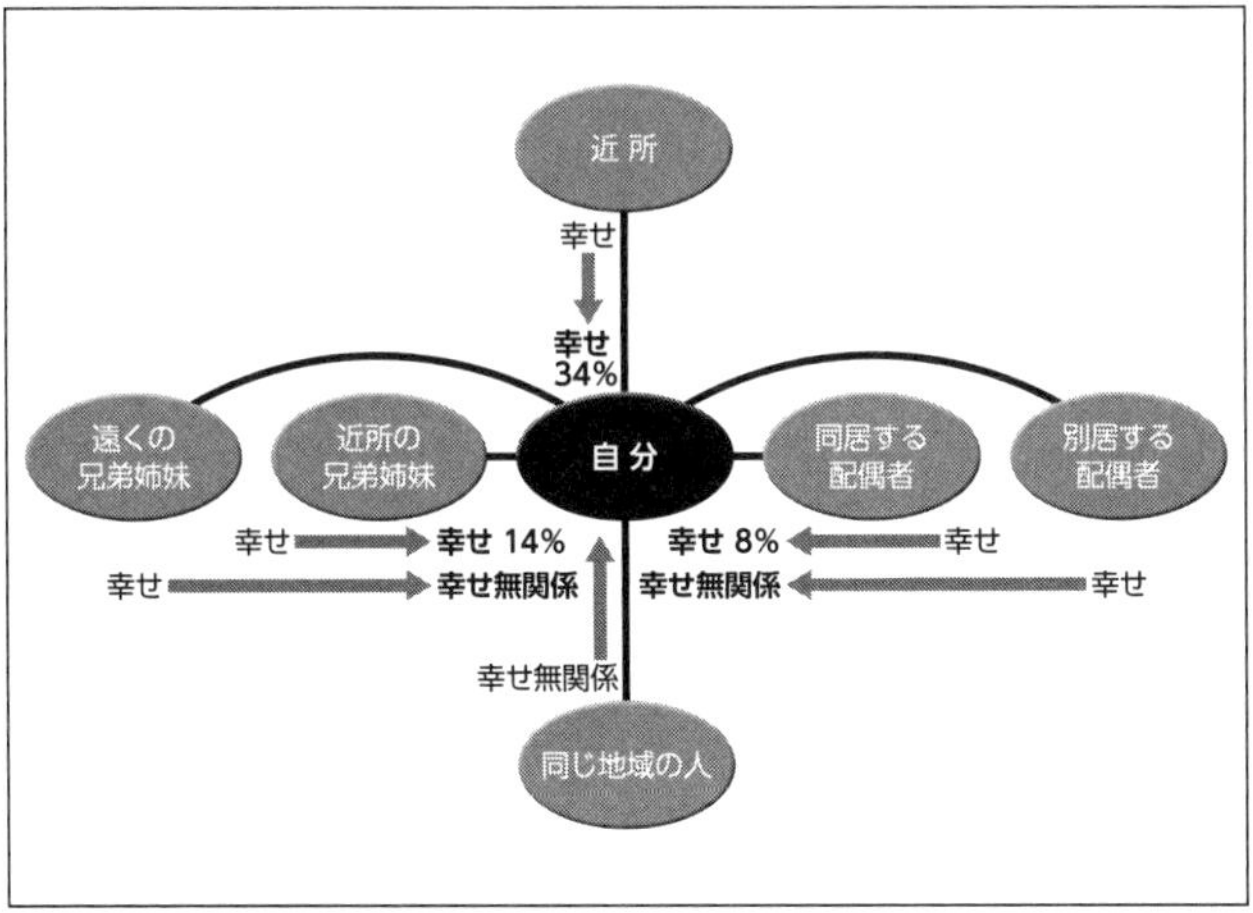

には、それ以外の兄弟が幸せになる確率は14％上がりますが、遠くにいる兄弟には影響がありません。また、遠くの親戚より近くの他人と言いますが、近所付き合いの影響は、思っている以上に大事です。お隣りさんが幸せになった場合には、自分が幸せになる確率は34％上がります。単に同じ地域の人の場合には、自分への影響はありません。

幸せの伝播力には、物理的にそばにいて、頻繁に接触があることがポイントです。余談になりますが、**幸せの伝播力は、男女間よりも、同じ性別間のほうが強い**ことも示されています。この点は、前述の配偶者による影響が8％と小さいことからもうかがえます。

③時間や距離の影響

幸せの伝播力は、距離だけでなく、時間とともに弱まります。0・8キロ以内にいる友人が幸せになると、自分が幸せになる確率は42％上がりますが、3・2キロ以内にいる遠くの友人の場合には、その確率は22％に下がります。また、過去半年以内に友人が幸せだった場合に、自分が幸せになる確率は45％上がりますが、過去1年以内に友人が幸せだった場合には、その確率は35％に下がってしまいます。

これらの結果を総合すると、幸せな人たちが一緒にいることは、幸せの伝播力のためであり、もともと幸せな人同士が交友関係を結ぶからではないと考えられています。

幸せな知り合いがいると、自分だけでなく、その配偶者や兄弟まで幸せにします。幸せな人に囲まれていることの重要性が分かります。ただし、誰とでもつながればよいというわけではありません。親密な関係が必要で、職場の同僚間では、幸せは伝播しません。また、孤独な人のそばにいると、悪い影響を受けます。孤独感も伝播してしまうのです。

年代別に見る正しい交流法——量か質か

どのように人と関わっていけばよいかは、年齢によっても変わります。ニューヨーク市立大学ブルックリン校の心理学者カーミシェルらによると、20歳の時には交流の量、30歳の時には交流の質が大事です[2]。20代や30代の時の交流関係は、50歳になった時の幸福感、孤独感やうつ状態に関係があるからです。ここで言う20代と30代における交流の量は、1日の平均交流時間と1日の平均交流数から測られます。一方、交流の質は、それぞれの交流についての親密さと不快さの観点から測定されています。

約30年にわたる追跡調査の結果、20代に社会交流の量が多い人は、50代において、より幅広い交流、よい友人関係や好ましい心理状態にありました。交流のサイズや多様性（社会的統合）、仲のよい友人との関係（友人関係の質）、孤独感やうつ状態、幸福感（心理的結果）の観点から、よい結果となっているわけです。一方、30代の社会交流の量は、50代における心理社会的な結果とは無関係でした。また、30代に社会交流の質が高い人は、50代において、より幅広い交流、よい友人関係や好ましい心理状態にありました。一方、20代での社会交流の質は、50代における心理社会的な結果とは関係がなかったのです。

成人初期にどのような生き方をするかは、成人後期の生き方に影響を与えます。20歳では、人生の方向性がまだ明確に定まっていないことが多いでしょう。自分の価値観を練り上げていく時期だからです。このため、多くの人と交流し、いろいろな世界を見ることが有用となります。質よりも数です。一方、30歳にもなると、ある程度自分の生き方が分かってきます。そのため、やたら交友関係を広げるのではなく、時間をかけてその関係性を熟成させていくほうがよいと言えます。数から質へ変わっていくわけです。

安定した結婚生活で、認知力がアップ

人との関わりという意味では、安定した結婚も恩恵があります。認知症でない70歳から90歳の人を対象にした研究では、**軽度認知障害や認知症を防ぐ要因として、結婚が挙げられています**。一方、加齢や嗅覚が弱いとそれらの危険が高まります[3]。面白いことに、これには性差もあります。女性よりも男性は、軽度認知障害や認知症の危険が高いとされていま

図表4-4　生涯未婚率の推移

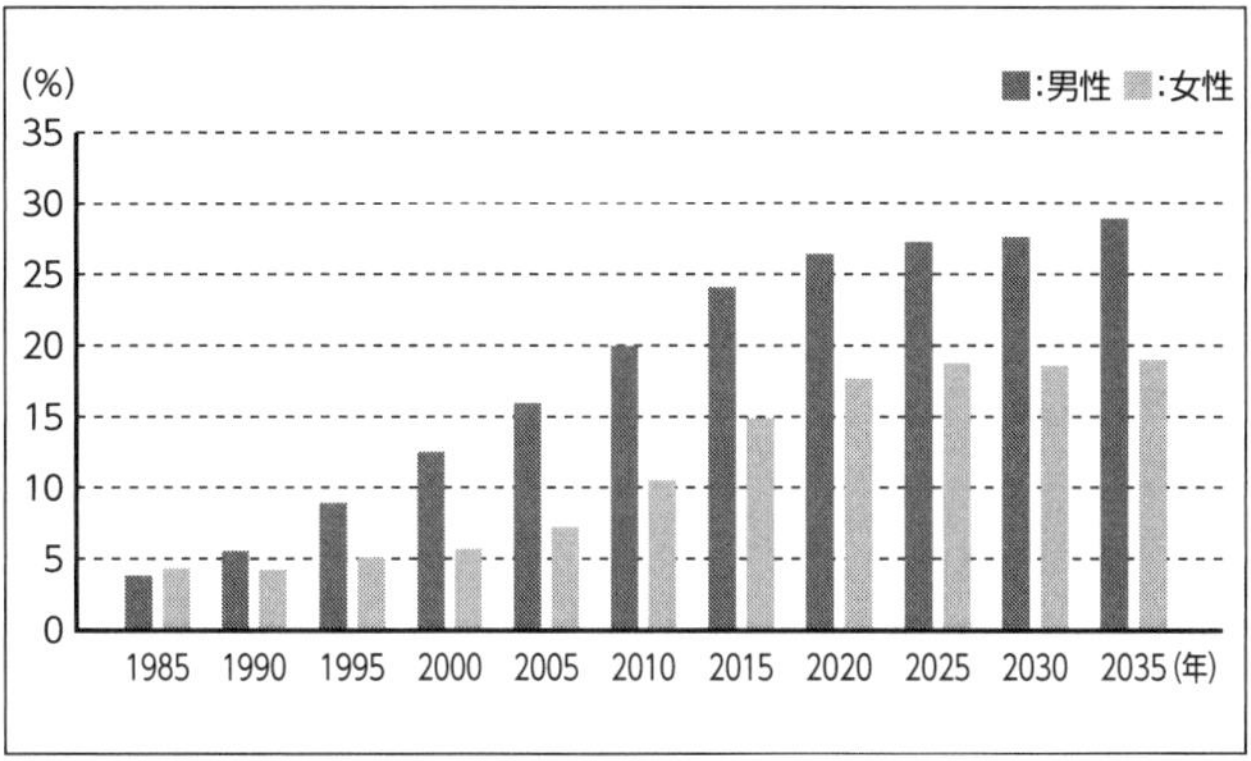

（国立社会保障・人口問題研究所「日本の世帯数の将来推計［全国推計］［2013年1月推計］」「人口統計資料集［2013年版］」の図表1-1-2 生涯未婚率の推移 より、筆者作成）

す。喫煙経験がある男性も、記憶力の低下を起こしやすくなります。一方、嗅覚が弱い女性は、軽度認知障害や認知症の危険が高くなります。

日本では生涯未婚率が急激に上昇しています。とりわけ、女性より男性の生涯未婚率が高くなっています。こうした状況は、将来、軽度認知障害や認知症を持つ多くの男性老人を生み出す可能性があります。

本節を振り返ると、月並みですが、身近な人とのつながりが重要だと分かります。つまり、**幸せな生活を送りたいのであれば、まず、そばにいてくれる人を大切にすることです**。そして、身近な人を起点として、他人との結びつきが深まるように、意義ある活動に携わるとよいでしょう。これまでのエピソードを思い出してください。他人にモノをあげると、自分で消費するより喜びが大きかったこと。自分と同じ難病を患っている人に対して、カウンセリングのボランティアをしたら幸福感が増したこと。自分の苦痛や苦悩を癒すには、他人の苦痛や苦悩を癒すことから始めるとよいことが分かります。他人に与えた幸せは、何らかの形で自分に戻ってきます。自分が幸せの発信地になれば、利子がついて幸せが戻ってくるはずです。

ストレス反応を緩和する、身近な頼れる人の存在

社会とのつながりには、こちらからの働きかけだけでなく、相手からの支援も含まれます。学術的には、「社会支援（ソーシャルサポート）」という分野において、研究対象となっています。頼ることでも、よい効果があるのです。社会支援とは、助けが必要な時に、手助けしてくれる人とのつながりです。家族や友人だけでなく、近所や地域の人との親密な関係を含みます。そして、滅入っている時（精神的）や体が動かない時（肉体的）だけでなく、お金に困った時（金銭的）にも助けを求められることとされています。

社会支援は、ストレスへの反応を緩和し、心身の健康を促進します。トリール大学の心理学者カーシュバウムらは、手助けがないグループ、知らない人に助けてもらうグループ、

彼氏または彼女に助けてもらうグループの三つに分けて、ストレス実験を行いました。[4] 人為的にプレッシャーをかけながら、暗算やスピーチをさせるという、心理学では定番の実験です。スピーチ前に準備をするのですが、グループによって、助けてくれる人がいなかったり、助けてくれる人との関係性が異なります。手助けには、あなたなら大丈夫という励ましや有効なスピーチのアドバイスが含まれます。交際期間がある程度長い彼氏または彼女は、相手のことがよく分かっているので、適切な手助けが期待できます。

その結果、彼女が手伝ってくれた男性は、それ以外の二つのグループの男性に比べ、ストレスに反応して分泌されるコルチゾールの値が抑えられていました。親密な女性による男性への支援には、内助の功が見られるわけです。知らない女性に手助けをしてもらってもストレス軽減の効果はなく、女性への信頼感が大事な要素となっていることが分かります。同様に、知らない男性に助けてもらった女性も、コルチゾール反応の減少は見られませんでした。しかし、彼氏に手伝ってもらった場合には、コルチゾールの反応が増えていました。予想に反する結果ですが、性差があることになります。よく、女性の相談事は、解決策を求めておらず、ただ聞いてあげるだけでよいと言われます。親密な男性による女性へのアドバイスは、逆に、彼女をイライラさせるのかもしれません。

同性の友人の場合にも、似たような結果が見られます。一定期間親交がある同性の友人がそばにいて励ますグループと一人のグループに分けて、ストループテストや暗算によるストレス実験を行います[5]。この時、高圧的な態度で解答をせかすように接する場合（高いストレス）とせかしたりせず普通に接する場合（低いストレス）の2種類の実験を行ったところ、友人がそばにいる人は、高いストレスの場合に生じる血圧の上昇が抑えられていました。また、こうした支援による血圧への効果に、性差はありません[6]。頑張るように元気づけてくれる人がいる場合には、そうでない場合に比べて、収縮期血圧（心臓が収縮する時の血圧）の上昇が少なくなっています。

誰かがそばにいてくれる人は、血圧が上昇しにくいだけでなく、コルチゾールの反応が弱まります。**頼れる人がそばにいることは、ストレス軽減に大事なことなのです。**

ストレス軽減効果を強化する愛情ホルモン

社会支援はストレスを緩和しますが、オキシトシンは、その緩和作用を強化します。オキシトシンは、「幸せホルモン」や「愛情ホルモン」と呼ばれ、人との結びつきと関係があります。親子や男女のスキンシップによって分泌されることはよく知られていますが、家族や友人との会話のように、非身体的な交流でも分泌されると言われています。

チューリッヒ大学の心理学者ハインリッヒらは、社会支援とオキシトシンの投与が、ストレス反応に影響があることを示しています。[7]彼らのストレス実験（ＴＳＳＴ）では、四つのグループを使います。まず、社会支援の観点から、親友が手伝ってくれるグループと一人のグループです。親友は、スピーチの準備の時に、励ますだけでなく、効果的な話し方についてアドバイスを送ります。次に、オキシトシンを投与するグループと投与しないグループにも分けられ、オキシトシンは、ストレス実験の50分前に投与されます。

その結果、①社会支援やオキシトシン投与は効果がありました。社会支援だけ、オキシトシン投与だけ、社会支援とオキシトシン投与の両方のいずれかを受けた人は、コルチゾール濃度が低くなっていました。特に、両方を受けた人のコルチゾール濃度が、最も低くなっていました。また、②あくまで社会支援がメインで、オキシトシンはサブです。社会支援とオキシトシン投与の両方を受けた人や社会支援だけを受けた人は、実験前と比べて、ストレス後にコルチゾールが増えているとは言えませんでした。③心理テストで見ても、同様なことが言えます。社会支援やオキシトシンの投与を受けない人では、ストレスを受けている時に、落ち着きがなくなったのに対し、それ以外の三つのグループの人は落ち着きを増していました。

こうした結果から、オキシトシンの投与は、ストレスを緩和する有効な手段と言えます。ストレスを受けると、不安や唾液コルチゾールが増しますが、鼻腔内へオキシトシンを与えると不安が抑えられるからです。特に、社会支援とオキシトシン投与を組み合わせることで、ストレスによりよく対処できる可能性があります。

孤独な人ほど、早く亡くなる

一般に、社会支援には、心血管、内分泌（ホルモン）、免疫系へのよい効果が認められています。[8] 約20年間にわたる社会支援と健康（生理学的過程）に関連する研究を総合的に検証したところ、効果をもたらす一番の要因は、感情面での支援とされています。励ますことがよいわけです。一方、健康的なライフスタイルは、社会支援と健康の間のメカニズムには関係ありません。よく運動するとか、ダイエットに気をつけるなどの健康的なライフスタイルの影響を調整しても、社会支援は健康によい影響を与えていたからです。

社会支援の効果は、身体だけでなく、精神的な健康にも認められています。心臓病を患う人は、健康な人に比べて、時間の経過とともにうつ状態を示す傾向にありますが、家族や職場などからより多くの社会支援を受けていると、その傾向が少なくなります。[9]

さらに、社会支援は、遺伝による発病リスクも緩和します。うつの症状には遺伝も関係あるため、遺伝的に危険がある子供が虐待を受けると、うつ状態になりやすくなります。虐待を受けた子供には、遺伝要因（①脳由来神経栄養因子の遺伝子多型と②セロトニントランスポー

図表4-5　死亡確率の増加

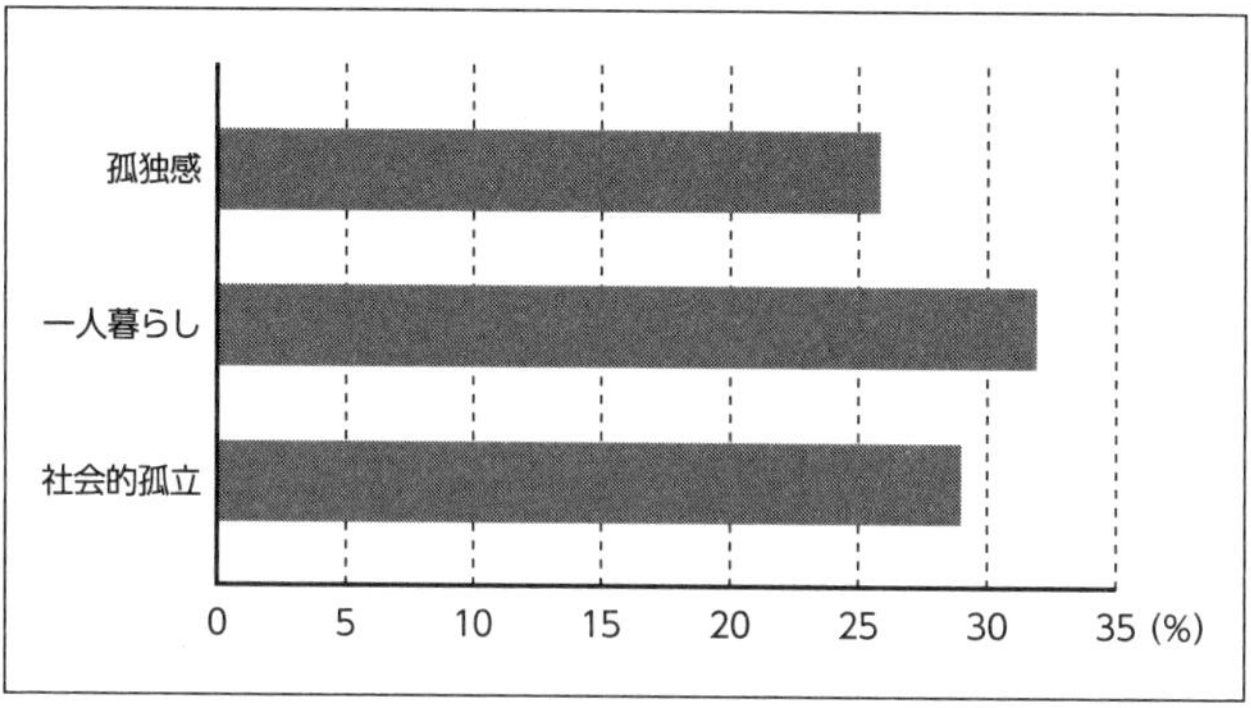

（Holt-Lunstad, et al.［2015］より、筆者作成）

ター遺伝子の部位変異体である5－HTTLPR）とうつ状態との間に関係が見られているのです。一方、虐待を受けていない子供には、これらの遺伝子とうつ状態に関係が見られませんでした。こうした遺伝子を持つ虐待された子供のうつ状態は、社会支援によって抑制されることが分かっています。[10] **周囲の手助けを得ることで、精神疾患を発症する遺伝的リスクが、抑えられる可能性があるわけです。**

社会支援の恩恵は、死亡率にも表れます。ブリガム・ヤング大学の心理学者ホルト＝ルンスタッドらが行ったメタ分析によると、**孤独な人ほど、早く亡くなる傾向があります。**[11] 35年分の研究を検証したところ、社会的孤立や一人暮らしという客観的な指標以外にも、孤独感という主観的な指標も含めた全ての孤独の指標が、死亡率と関係していました。社会的孤立により29％、一人暮らしでは32％、孤独感では26％、死亡する確率が上昇します。この傾向は、性別や地域とは関係ありません。

また、**孤独感や一人暮らしが死亡率を高めることは、老人よりも、65歳以下の場合に、より強く見られる傾向です**。その理由として、長く生きた老人は、精神的な回復力が強いグループである可能性だけでなく、定年でリタイアするに伴い、社会ネットワークの中身が変わる可能性が指摘されています。映画化もされた内館牧子の小説『終わった人』という作品（定年を迎えて退職することで失望する人）がありますが、定年によって、本当に人生が終わってしまう（死亡する）危険が高くなる人もいるわけです。笑えない話です。

さらに、孤独が寿命に与える影響は、喫煙、アルコール摂取や肥満などによる危険と同じくらい大きいとされます[12]。定年後、寂しさを紛らわせるために酒浸りという生活は、体によくないことになります。

年代で変わる適切な支援

適切な支援は、人の成長段階とも関連しています。子供の時に、親から十分な支援がないと、将来うつ状態を起こしやすくなります。ただし、その可能性があるのは、後期思春期（だいたい18～22歳）ではなく、前期思春期（だいたい9～13歳）だけだとされています。[13]うつの発症傾向は、ピア・サポート（仲間のように、同等の立場の人による支援）では認められません。子供の将来の精神衛生には、**前期思春期における親の支援が重要なことになります**。友達による支援では、埋められない要素もあるのです。

年代によって、期待する支援も違います。社会支援と言った時、老人（60歳以上）や中年（35〜50歳）は、社会的交流や実用的な援助などを思い浮かべます。近くに頼れる人が多く住んでいて、家族や友人などと多く触れ合うことが大事なわけです。一方、若者（18〜25歳）は、お金や子育てのように、実用的な援助としか思っていません。[14]世代によって、必要な支援が違うことを反映しています。

SNSでの友人数は幸せと関係ない

現実世界で直接、人間関係を構築する重要性は分かりました。では、SNS（ソーシャル・ネットワーキング・サービス）のように、インターネット上での交友関係はどうでしょうか。これからの社会を占うような研究についても見てみましょう。

大学生の場合には、フェイスブックの友人数が多いほど、幸せに感じています。[15]しかし、その幸福感は、社会支援とは関係なく、単に友人数の多さへの満足でした。フェイスブック上の友人から助けてもらえるので、幸せなわけではなかったのです。ただし、フェイスブックに誇張した情報を載せず、ありのままの自分を出している人は、フェイスブック上の友人から助けられていると思い、その結果、幸せに感じていることも分かりました。自分に正直であるという特性が、友人や幸せの感じ方と関係している可能性があります。

しかし、ヘルシンキ大学の心理学者レンクヴィストとベルリン自由大学の心理学者デタースによる研究では、**フェイスブック上の友人の多さは、幸せと関係ない**としています。[16] 大学生の場合、フェイスブック上の友人が多くても、よりよい社会支援を享受していると感じていませんでした。ここまでは一緒ですが、彼らの分析は、もう一歩踏み込みます。友人数の多さは性格と関係するため、性格の影響を取り除くと、フェイスブック上の友人数と幸せには関係がなくなると指摘したのです。性格の中でも、特に、外向性の影響を調整するだけで、フェイスブック上の友人数と幸せには関係がなくなります。単に、社交的な人ほど幸せに感じていたに過ぎないのです。結局、現段階では、インターネット上での交友関係は、現実の交友関係に比べると、幸せへの影響はさほど強くないと言えます。

本書も佳境に入り、前章までのネタフリが、オチに収束し始めているのを気づかれたかもしれません。フェイスブックの議論では、幸運な人の特徴で触れた外向性や相手に対する期待感が、大事なことが分かります。また、友人数が多ければよいというわけではありません。幸せの伝播で見たように、どのような関係性を持っているかが重要です。20代では、交流の量が多いことはよいことです。ただ、本当の交流というのは、相手の顔を知っているだけではなく、相手と向き合いながら付き合うことでしょう。中身の濃い付き合いほど、得るものは多いでしょうし、長続きもします。

すると、人間関係における、「距離」という概念の重要性にたどり着きます。中身の濃い付き合い（たとえば、親友）とは、精神的な距離が近いことです。物理的な距離が縮まると、精神的な距離も縮まります。近くにいるほど、身近に感じるわけです。また、物理的な距離が変わらなくても、技術進歩は、私たちの距離を縮めてくれます。アメリカと日本の物理的な距離は昔と同じですが、飛行機の性能が向上して、時間的な距離が縮まりました。同様に、今後のインターネット技術の革新により、SNS上の友人関係の重要性が変わる可能性はあります。しかし、現在のネット上のつながりは、現実のつながりに比べると、まだ距離を縮めるほど十分に機能していないということなのでしょう。

本節を通じて、人とのつながりが、私たちの幸せと大いに関係があることがお分かりいただけたのではないでしょうか。つながりは、本当に大切なものは何かという人生の価値観に欠かせない観点です。幸せを感じるためには、身近な人との親密で安定した関係を基本にしてみましょう。そして、自らを起点として、より広範な人とつながるように意識してみてください。すると、幸せの伝播を通じて、よりよい生き方ができるはずです。

■まとめ

①幸せになりたければ、幸せな人のそばにいるとよい。
②幸せの伝播力には、物理的にそばにいて、頻繁に接触があることが大事。
③幸せの伝播力は、男女間よりも、同じ性別間でのほうが強い。
④20代の時の交流の量、30代の時の交流の質が、50代での幸せを決める。
⑤結婚は、認知力低下の予防効果がある。
⑥女性よりも男性のほうが、認知力低下の危険が高い。
⑦幸せな生活を送るためには、まず、そばにいてくれる人を大切にする。
⑧頼れる人がそばにいるとストレス軽減になる。
⑨オキシトシンは、社会支援によるストレス緩和作用を強化する。
⑩社会支援により、精神疾患を発症する遺伝的リスクが抑えられる可能性。
⑪孤独な人ほど、早く亡くなる傾向。

⑫孤独が死亡率を高める傾向は、老人よりも、65歳以下に、より強く見られる。
⑬子供の将来の精神衛生には、9～13歳頃における親の支援が重要。
⑭SNS上の友人の多さは、幸せと関係ない。

2　信じる者は、幸せになる？――宗教やスピリチュアル

宗教の恩恵は、人とのつながりや精神性

信仰心がある人は、そうでない人よりも、幸せです。ここでいう信仰心は、宗教だけではなく、幅広くスピリチュアル信仰も含みます。

アルスター大学マギー校の心理学者ルイスとクルーズによると、オックスフォード幸福目録を使ってポジティブな感情を測ると、一貫して宗教との間に関係が認められます[17]。先週を振り返って幸せ（happy）と感じる程度が、神や聖典、祈りに対する態度と関係があるわけです。

信仰心がある人が、幸せに感じるのは、人とのつながりが広がるためだとされていま

す。ウィスコンシン大学マディソン校の社会学者リムとハーバード大学の社会学者パットナムは、それ以外の要素は、幸せにあまり関係ないとしています。**教義による恩恵より、人との交流による恩恵が幸せの源だ**と言うのです。[18] 宗教が私たちを幸せにするメカニズムを調べると、宗教的な集会に多くの親友がおり、その宗教が自己意識に重要である時だけ、宗教は幸せと関係していました。一方、集会にあまり親友がいない人では、宗教が自己意識に重要と感じていても、幸福感に影響がありません。つまり、宗教が心のよりどころであっても、独りぼっちでは、宗教によって幸せにならないことになります。

リムらは、同じ世界観や価値観を共有することとは、集会人脈と幸福感の間に見られる結びつきとは関係ないことも示しています。5人の親友のうち、何人が同じ宗派かによって測られた人脈の同質性は、幸福感と関係がなかったのです。同じ思想を持つ人と交流すれば、共感を覚えることも多いため、幸せになると思われましたが、そうではないことになります。むしろ、宗教的なソーシャルネットワークの効能は、定期的な接触により宗教的な経験を共有することで、人との結びつきをより強く感じられることになります。

また、**形式的な活動や儀式も、幸せとの関係が薄い**とされています。幸せと感じるのは、教会に行ったり、祈りを捧げたりする宗教的な行為が原因ではありません。**スピリチュアリティ（精神性）が、幸せの感じ方に影響**しているのです。[19] 自分の人生における意味や価値、自然に対する畏敬などの観点から測られたスピリチュアリティにより、幸福感の3％から26％が説明されると言われています。

こうした見解は、スピリチュアル信仰に大いに当てはまります。スピリチュアルとは、精神世界や超自然現象のように、人間よりも大きな存在のことです。古くからある自然信仰（たとえば、山岳信仰）やすべてのものに霊が宿るというアニミズム（精霊信仰）も含まれます。超越的なものとつながりを感じること（精神性）が幸福感と関連するわけです。

劣悪な環境や宗教国家では、宗教による幸せの恩恵大

信仰心と幸せの関係は、これまでに言われているほど強くないと指摘され始めています。近年では、宗教組織から抜けたり、帰属したりしない人が増えているからです。信仰心による幸せが、あまり感じられなくなっている可能性があります。その理由として、信仰の恩恵が全ての人に同程度及ぶわけでないからということが分かってきました。信仰心と幸せの関係は普遍的なものではなく、条件があるのです。それは環境です。[20]

イリノイ大学アーバナ・シャンペーン校の心理学者ディーナーらは、154か国を序列化し、興味深い結果を示しています。生活に最低限必要な食糧や住居、安全、所得、教育、出生時平均余命という観点から、世界の上位25％を良好な環境の国、下位25％を劣悪

な国とすると、**環境が劣悪な国では、信心深い人ほど幸せだったのです**。信心深い人は、そうでない人に比べ、ポジティブな感情を持っていましたが、逆に、ネガティブな感情を持っていませんでした。一方、環境が良好な国では、信心深い人は、そうでない人に比べ、少し幸せなくらいで、幸福感に大きな差が見られませんでした。環境が、宗教と幸せの関係に影響していることが分かります。

劣悪な環境の国ほど、信仰心が幸せと関係していることは、生存の観点から説明されます。飢餓や貧困など生活環境が劣悪だと、信仰心が社会支援や生きる意味と結びつきます。信仰を捧げる組織を通じて、援助を受ける機会が多かったり、生きる意味を教えられたりするためです。こうして環境が改善されるため、信仰がある人は幸せに感じます。一方、恵まれた生活環境であれば、その必要性が減ります。それほど信心深くなくとも何とか生きていけるため、信心深い人とそうでない人の幸せの感じ方に、さほど違いがなくなります。環境の影響を調整すると、信心深い（宗教性がある）ことで、少し幸せに感じるだけなのです。

また、**信心深い人のほうが幸せなのは、宗教的な国だけです**。宗教が盛んでない国では、こうした関係は見られません[21]。ヨーロッパ11か国を対象に、信仰心の心理的な恩恵を検証したところ、宗教が盛んな国ほど、信仰心は自尊心を高めていました[22]。宗教が社会で評価されていると、信心深い人も評価され、心理的な恩恵を受けると考えられています。

つらい出来事に意味を見出す心的外傷後成長

恵まれない環境には、病気や事故、老化もあります。こうした環境にある人は、信仰心による恩恵を受けやすくなります。うつ病を患う入院患者が退院した後、追跡調査を行ったところ、宗教が人生の骨格をなす人（たとえば、宗教に基づいて人生のすべての事柄に対処する人）ほど、うつ状態が早く回復していました[23]。ただし、礼拝や宗教活動への参加は、うつ状態の回復とは無関係でした。

「心的外傷（トラウマ）」になるような出来事を経験しても、信仰心がある人のほうが、回復しやすい傾向があります。ボーリング・グリーン州立大学の心理学者アノとバスコンセレスが行った37年分の研究を対象としたメタ分析によると、宗教的コーピング（スピリチュアルな支援を求めることや慈悲心の宗教的な再評価など）は、ストレスからの回復と関係がありました[24]。特に、ストレスの多い出来事に対して、ポジティブな宗教的コーピングは、ネガティブな結果（不安、うつ状態、心的外傷後ストレス障害症状など）を減らす傾向が見られます。また、ポジティブな宗教的コーピングは、ポジティブな結果（幸せ、生活の質、精神的回復力、心の健康など）とも関係がありました。宗教によって、社会支援が受けられるだけでなく、ネガティブな出来事にも意味を見出す可能性が考えられます。

ネガティブな出来事に意味を見出す例として、「心的外傷後成長」があります。生命の危険が脅かされるような出来事が原因で、生活に支障をきたしてしまう「心的外傷後ストレス障害（PTSD）」。たとえば、洪水などの災害で大きな心理的なダメージを負うと、その後、夢の中でも追体験してしまいます。すると、悲しいとか嬉しいとかいう感情が麻痺し、雨が降っただけでも不安を感じます。また、家族や友人を亡くした人は、生き残った罪悪感に苦しみます。近親者の喪失や難病など、極度の逆境によって、不安やうつ状態になることもあります。この時、自分が壊れたとか人生が終わったとか思うと、不安やうつ状態が増大してしまいます。

しかし、その後、こうした苦悩を乗り越え、以前よりも心がよく働くことがあります。心的外傷後成長と言います。不安が減るだけでなく、トラウマで人生観が変わり、新しい人生が開けるのです。よく言われる変化は、生きていることへ感謝するようになる、強い人間になる、新しいことにチャレンジする行動力が生まれるなどです。また、信心深くなったりもします。

こうした心的外傷後成長については、実体験だけでなく、感謝、スピリチュアリティ、好奇心や向学心など24項目が含まれる「キャラクター・ストレングス（徳性の強み）」を

図表4-6　キャラクター・ストレングス（徳性の強み）

知恵	勇気	人間性	正義	節度	超越性
創造性	勇敢さ	愛情	チームワーク	寛容さ	審美眼
好奇心	忍耐力	親切心	公正	謙虚さ	感謝
判断力	誠実さ	社会的知性	リーダーシップ	慎重さ	希望
向学心	熱意			自制心	ユーモア
大局観					スピリチュアリティ

（www.viacharacter.orgを参照のうえ、筆者作成）

使った研究によっても、その存在が認められています。[25] 心的外傷後成長に関する質問項目を使って測定された心的外傷後成長は、徳性の強みに関する質問項目を使用して測られたキャラクター・ストレングスのそれぞれの項目と関係あることが示されています。

信仰で逆境とうまく向き合う

信仰は、苦難の中にあって、人生の意義を見出すための手助けをしてくれます。実際、宗教やスピリチュアリティ（精神性）が、逆境とうまく向き合えるようにすることは、これまでの研究によって示されています。ここでの逆境には、困難な環境による逆境と遺伝的素因による逆境の両方を含んでいます。[26]デューク大学メディカルセンターの精神医学者ケーニグは、2010年までに発表されたほとんど（93％）の研究で、宗教やスピリチュアリティが、人生の意味や目的によい影響を与えるとしています。[27]

宗教やスピリチュアリティの恩恵として挙げられるのは、精神衛生面での寄与です。幸せや楽観主義などのポジティブな感情を高めて、不安やうつ状態などのネガティブな感情を緩和してくれます。先述のケーニグによると、宗教やスピリチュアリティと幸せの関係を認めているものは79％（256の研究中）、また、宗教やスピリチュアリティとうつ状態の改善との関係を認めているものは61％（272の研究中）あります。

宗教やスピリチュアリティが、心の健康によい理由はいくつか考えられます。まず、宗教は、ストレスにうまく対処する力を与えてくれます。その一例は、人生の困難に意味や目的を与えてくれる信念です。また、宗教は、同情や利他主義のように、社会性のある行動を奨励します。人とのつながりを促進するわけです。さらに、多くの宗教は、生活における規則があります。危険薬物の使用やアルコールの過剰摂取の禁止などです。これら諸要因が複合的に作用して、心の健康を促進している可能性があるでしょう。

宗教やスピリチュアリティは、身体的な健康にもよい影響があります。虚血性心疾患

（心臓にうまく血液を送れなくなって起こる病気で、狭心症や心筋梗塞を含む）や高血圧症の危険を減らし、免疫機能も強化されます。長生きをする可能性もあります。先述のケーニグによると、宗教やスピリチュアリティが、虚血性心疾患によい影響を与えるのは63％（12の研究中）、血圧が下がるのは57％（63の研究中）、免疫機能の強化を示すのは56％（27の研究中）です。また、死亡率の低下との関係を示したものが68％（82の研究中）あります。こうした結果は、精神的な健康が保たれることや好ましい行動が促されるからだと考えられています。宗教やスピリチュアリティには、多くの恩恵が示されているのです。

しかし、宗教に帰依しないと幸せになれないわけではありません。確かに、信仰心は、幸福感に影響があります。逆境にある場合にはなおさらでしょう。ただ、形式的な宗教活動や儀式自体は、幸せとの関係が薄いとされています。このことから、幸せになるために宗教的な意識を持つことと、宗教へ帰依することとは違うと考えられます。むしろ、研究の結果は、人生の指針である価値観を持つことの重要性を示しています。信仰心というと誤解を生むので、信念と言ってもよいかもしれません。どのように生きるかという自分なりの人生観のことです。特定の宗派に属していなくても、信念を持つことはできます。信念は心の安定をもたらします。また、信念は行動を生み、意義のある人生を切り開いていきます。自分の信念（人生の価値観）を形成する過程において、宗教的な教えはかなり参考になります。先人の知恵には、学ぶことが多いと言えます。

■まとめ

①信仰心がある人のほうが幸せを感じやすい。
②教義による恩恵より、人との交流による恩恵が幸せの源。
③形式的な活動や儀式は、幸せとの関係が薄い。
④スピリチュアリティ（精神性）が、幸せの感じ方に影響する。
⑤環境が劣悪な国では、信心深い人ほど幸せ。
⑥環境が良好な国では、信仰心の有無による幸福感の差は小さい。
⑦宗教的な国では、信心深い人のほうが幸せ。
⑧恵まれない環境にいるほど、信仰心による恩恵を受けやすい。
⑨信仰心がある人のほうが、心的外傷（トラウマ）から回復しやすい。
⑩心的外傷後成長の特徴の一つに、信心深くなることがある。
⑪宗教やスピリチュアリティは、心身の健康と関係がある。

3　最強の処方箋はどれだ――ポジティブ心理療法 vs. マインドフルネス

幸福感は遺伝で決まっている？

これまで、幸せになるためのいくつかの方法を紹介してきました。結局、最強の処方箋はどれなのでしょう。最後に、少しまとめておきます。

実は、**幸せに感じるかどうかの約50％は、遺伝で決まる**とされています。ミネソタ大学の心理学者リッケンとテレジェンによる有名な双子の研究は、こうした遺伝の重要性を示しています[28]。一卵性双生児は、育った環境が違っていても、幸せの感じ方が似ています。一方、二卵性双生児や通常の兄弟姉妹は、一緒に育てられても、別々に育てられても、幸せの感じ方に関係がありません。このように、遺伝によって幸福感が決まるということは、人によって、幸せの感じ方の初期設定値が違うことになります。つまり、幸せに感じやすい人とそうでない人がいるのです。このため、成功により、幸福感が一時的に向上したり、挫折により幸福感が一時的に低下したりしても、時間とともに、幸福感は、この初期設定値に戻っていきます。こうした考えは、「セット・ポイント理論」と呼ばれます。

一方、**生活環境は、幸せかどうかの10％しか影響がありません**。つまり、収入、健康、結婚、容姿などは、幸せに感じるかどうかにあまり影響がないとも言えます。また、人はよい出来事にも慣れてしまいます。環境を変えることで得られる幸せは、一時的で、長く続きません。したがって、環境を変えても、なかなか幸せにはなれません。

ただ、**幸せに感じるかどうかの残りの40％は、考え方や行動によって決まります**。言い方を変えれば、考え方や行動によって、変えられる自分は40％もあることになります。この40％に働きかけていこうというのが、「ポジティブ心理療法」です。

ポジティブ心理療法では、ポジティブな感情を多く経験することを勧めています。その感情が幸せの源だからです。確かに、ポジティブにする工夫には、効果の持続性を含め、批判もあります。しかし、自分を変える努力の効果が一時的だとしても、ポジティブな感情は、好循環をもたらしてくれます。意欲が湧き、行動を起こしやすくなるからです。

これに対し、第三世代の認知行動療法（マインドフルネス）では、あまり無理をしません。自分の努力で変えられない現実もあるからです。また、無理をしてこじらせてしまうこともあります。さらに、幸福感は遺伝によるところも大きく、人生を通じて、幸せの感じ方はさほど変わりません。このため、ネガティブな感情を抱いた時には、それを受け入れて、うまく付き合うように努めることを提唱しています。

ポジティブとネガティブ、どちらも自然な感情

この二つの手法では、力点が異なります。しかし、全く相容れないわけではありません。ある意味、二つとも、ポジティブとネガティブの感情のバランスをとることを示唆しています。両者は、どちらも自然な感情です。ただ、ネガティブな感情の時には、どうしても悪いほうに目が行きがちです。そのため、不幸な出来事に出会った時には、そのよい面にも注目し、バランスをとる、または、ネガティブな感情をなくしてしまうのではなく、それを認識・受容して、バランスをとる必要があります。

マインドフルネスとポジティブ心理療法はどちらが優れているか、そのような研究は、読み物としては面白いものです。しかし、今のところ、優劣はついていません。どちらにもよいところがあり、対処したい事案によって、その効果は変わってきます。

幸せになるための秘訣は、ただ一つあるわけではありません。遺伝が50%などという数字も、全ての個人に当てはまるのではなく、あくまで多くの人を見た時の平均です。結局、適切な処方箋は、人それぞれ。万能薬はありません。いろいろ試してみて、自分に合った生き方を模索する必要があります。ただ、紹介した知見に全く意味がないかというと、そうでもありません。幸せになるためには、いくつかの共通成分があるのです。処方

箋を出す時に、それらを参考にするとよいことになります。あとは、それぞれに適した割合で、成分を調合するだけなのです。

■まとめ

①幸せに感じるかどうかの約50%は、遺伝で決まる。
②生活環境は、幸せかどうかの10%しか影響がない。
③幸せかどうかの40%は、考え方や行動によって決まる。
④ポジティブとネガティブ、二つの感情のバランスをとることが大事。
⑤遺伝が50%という数字は、ひとりひとりに当てはまるわけではない。

4 人生の季節に合った生き方をする——幸せ成分の調合法

人生の四つの季節

人生は、よく四つの季節になぞらえられます。幼年期（春）、青年期（夏）、中年期（秋）、老年期（冬）です。ここでは、イメージしやすいように、「年」という言葉を使って分けていますが、必ずしも実際の年齢とは関係ありません。スポーツ選手は30歳で現役を引退し、次の人生を考えなければいけません。事故や病気などによって、人生の季節が早く変わる人もいます。同じ人であっても、人生の成長段階によって、適切な処方箋は違います。それぞれの季節に合った生き方の工夫をするとよいでしょう。

そこで、幸せ成分の調合について、サンプルを示しながら、時期別に、よりよく生きる工夫をまとめておきます。

知能よりも自制心を育む――幼年期の子育て

(1)自制心の強い子は、成績や行いがよい

幼年期に関しては、子育ての観点から見てみましょう。主体的に自分を導くというより、周囲からの支援によって、よりよい生き方ができるようになる段階だからです。

まず、親が心に余裕を持つことが大事です。時間や仕事に追われず、子供と一緒に何かをしたりします。そして、親自身がストレスを溜めないようにして、子供に不安を与えないように心がけましょう。前章までに見たように、こうした支援は、将来にわたって、子

供の心や身体の健康に、好ましい影響を与えます。

また、子供の自制心を培うのもよいことです。コロンビア大学の心理学者ショーダらの有名な「マシュマロ実験」によると、目先の欲求を我慢できる就学前の子供は、青年期における学業成績がよく、うまくストレスに対処できています[29]。実験では、子供にマシュマロなどのいくつかのお菓子を見せ、好きなものを一つ選んでもらいます。その後、大人は部屋を出て、部屋には子供一人になりますが、大人が戻るまで我慢できたら、ご褒美に選んだお菓子をもらえると伝えます。しかし、我慢できない時には、テーブルにあるベルを鳴らしてもらいます。ベルを鳴らした場合には、好きなお菓子はもらえませんが、別のお菓子をもらえることを伝えます。この時、子供が我慢できる時間を測定して、約10年後の追跡調査で得られた成績（SAT：アメリカの大学進学希望者に対する試験）や親による子供の認知やコーピングの適格性に関する評価と照らし合わせます。すると、長く我慢できた子供ほど、学業成績がよく、イライラする状況で自分をコントロールできて、誘惑に負けず、集中する時に気が散っていなかったのです。

ただ、このマシュマロ実験の効果は、メディアで誇張され過ぎているきらいもあります。ニューヨーク大学の心理学者ワッツらは、実験を再検証して、結果の大筋を認めるものの、その効果の程度には違いを示しています[30]。まず、①54か月（4歳）時点でご褒美を我慢できる時間は、15歳の時点でのよい評価と関係がありましたが、オリジナルの結果と比べると、半分程度の効果に減っていました。また、②54か月時点での学力テストや親によって評価された子供の素行の影響を調整すると、幼少時の自制心と青年期の評価の関係は、かなり弱くなっていました。ワッツらの研究では、大学を卒業していない母親の子供を対象にしている点で、ショーダらの研究とは異なっています。家庭環境によっては、子供の頃の自制心の効果が減る可能性があるのです。

そうは言うものの、自制心の効果がなくなるわけではありません。自制心と学業成績の深い関係を示す研究はいくつもあります。ペンシルバニア大学の心理学者ダックワースとセリグマンによると、自制心が強い子は、衝動的な子に比べて、よい成績をとったり、上位の高校へ進学したりします[31]。また、知能指数（ＩＱ）が高い子よりも、自制心が強い子のほうが、学業成績がよいことも分かっています。自制心は、知能指数より、学業成績との関係性が、2倍以上強いとされているのです。

自制心の重要性は、性差に基づいた分析でも確認されています。女子の知能指数は、必ずしも男子より高くありません。しかし、小中高を通じて、女子のほうが試験の成績がよい傾向にあります。これは、男子よりも、自制心が強いためだとされています[32]。つまり、**成績のよし悪しには、知能指数ではなく、自制心の強さが大事なことになります。**

(2) **自制心が強い人は、健康的で人間関係もうまい**

自制心による効能は、学業だけではありません。将来的にも、よりよく生きていける可能性が高くなります。**適応がうまく、より健康的で、対人関係も優れている傾向があるからです。**ジョージメイソン大学の心理学者タンネイらによると、自制心の強さは、過食症や拒食症などの衝動的な行動だけでなく、不安やうつ状態、身体化（病気の診断がされていないが、身体的な不調を訴えること）に加えて、敵意や怒りなどの抑制と関係がありました。また、家族の団結とも関係が見られています[33]。

同様に、ユトレヒト大学の心理学者デリダーらが行った102の研究を検証したメタ分析によると、自制心の強い人は、仕事の成績、衝動のコントロール、不安やうつ状態、対人機能などにおいて、自制心の弱い人より、よい結果となっています[34]。また、実際の行動よりも、行動に関する思考や感情（自分ができると思ったり、これからやろうと思ったりする行動のこと。想像上の行動）は、自制心の影響を受けやすいことや、意識的な行為よりも、無意識に行う行為のほうが自制心との関係が強いことも示しています。

(3) **自制心が強い人は幸せ**

何よりも重要なのは、**自制心が強い人は幸せに感じていることです**[35]。自制心がある人ほど努力するため、目標を達成しやすくなります。確かに、達成感から幸せに感じるのは分かります。しかし、誘惑に負けないよう頑張るのは苦痛だと思われるでしょう。

実は、**自制心が強い人は、滅多に自制心を使っていません**。普段から自制心を使うような機会を設けないと言ったほうがよいかもしれません。意志の力で誘惑を抑え込むというより、よいことを習慣に取り入れて、目標を達成しているのです。

ペンシルバニア大学の心理学者ガラとダックワースは、好ましい習慣が、自制心と健康や成績という目的達成の関係を仲介しているとしています[36]。運動や勉強、健康的な食品の摂取を習慣にすることで、わざわざ自制心を奮い立たせて、頑張って行動しなくて済むようになっていたのです。

自制心が強い人は、よい習慣を生活にうまく組み入れています。むしろ、自制心によって誘惑を制御しないほうが、成果を出します。はじめから回避すべき誘惑が少ないと、成果を出しやすいわけです。

カールトン大学の心理学者ミルヤフスカヤとトロント大学の心理学者インツリヒトによると、目標達成を阻害するような**誘惑の多い人ほど憔悴《しょうすい》しており、憔悴することで目標の達成が阻害されています**[37]。また、頑張るような自制心は、目標の達成と関係がありません。

確かに、マシュマロ実験においても、お菓子を見ないようにしたり、お菓子を別のものに見立てたりしていた子供は、より長い時間、誘惑に負けませんでした。お菓子のことばかり考えていると、誰でも我慢できなくなります。

子供の幸せには、自制心の育成が手助けとなります。子供の頃に自制心を培うには、○○ごっこがよいとされています。通常、園児はじっと立っていられません。我慢できないからです。しかし、宝の山を守るガードマンなどの役割を与えてやると、遊びに意識がいって、立っていられる時間が増えることが分かっています。

子供はあっという間に成長します。振り返って見ても、親がしてあげられることは限られています。できることから始めましょう。まず、子供の話をよく聞いてあげてください。そばにいて、聞いてあげるだけで構いません。何かを解決しなくてもよいのです。そして、たまには一緒になって○○ごっこをして遊んでみましょう。小さい頃のそんな些細な出来事が、子供の将来に生きてくるかもしれないからです。

■まとめ

①子供の自制心を培うと、将来、成績がよく、ストレスにもうまく対処できる。

②知能指数（ＩＱ）が高い子よりも、自制心が強い子のほうが、成績がよい。

③自制心が強い人は、健康的で、対人関係もうまい。
④実際の行動よりも、行動に関する思考や感情のほうが、自制心の影響を受けやすい。
⑤自制心が強い人は、幸せに感じている。
⑥自制心が強い人は、滅多に自制心を使っていない。
⑦自制心が強い人は、よい習慣を生活にうまく組み入れている。
⑧誘惑の多い人ほど憔悴しており、憔悴することで目標の達成が阻害される。
⑨頑張るような自制心は、目標の達成と関係がない。
⑩子供の自制心を培うには、○○ごっこがよい。

青年よ、大志を抱け！——青年期の自己実現やパートナー選び

(1)接近目標で成果を上げる

青年期は、自己を成長させる時期です。いろいろなことに挑戦し、経験を積み重ねて、物事を達成していきます。自己実現の時期と言ってよいでしょう。自分の目の前のことに没頭できる時期でもあります。こうした時期には、何か目標を持つとよいでしょう。自分

が価値のあると思うことに挑戦するのです。挑戦しがいのあることに、全力で打ち込むと、やりがいを感じます。自分の力で人生をコントロールしていると感じるためです。このため、**目標に向かって努力する過程は、私たちを幸せにします**。また、将来の目標がある人は、自然と努力するので、自己実現もしやすくなります。

この時、目標の立て方にコツがあります。成果を上げやすい目標の立て方があるのです。たとえば、健康を維持したい時に、ハイキングに行って、新鮮な空気を吸うことは、一つの方法です。このように、活力という望ましい結果を求めることは、「接近目標」と呼ばれます。一方、タバコを止めて、病気を防ぐように、好ましくない結果（病気）を避けるための目標は、「回避目標」と呼ばれます。同じ目標でも、アプローチが真逆です。

実は、**接近目標のほうがうまくいきやすいことが分かっています**。**一方、回避目標を掲げる人は、接近目標を掲げる人より、不安や苦悩を感じ、幸せに感じません**[38]。理由は単純です。自制心を働かせて、○○しないようにすると疲れてしまい、成果も出にくいのです。また、回避目標を多く立てる人ほど、目標到達度に不満になり、不幸せに感じます[39]。自分に能力がないと感じてしまい、この無力感が幸福感を下げてしまうからです。面白いことに、自分の能力に自信がない人ほど、回避目標を使う傾向があります[40]。他人とうまくコミュニケーションが取れるとか、目標を達成するために適切な計画を立てられるとか思っている人ほど、回避目標を使わないのです。

具体的な目標を決め、好ましい期待を持つことも大事です。時として、根拠のない自信が、背中を押してくれることがあります。幸運な人は、将来に起こるよいことを想像します。自分の夢や目標がかなった様子を想像して、その達成感や喜びを嚙み締めてみましょう。いわゆるアファメーションです。この時、できるだけ詳細にイメージすることがポイントです。漠然とお金持ちになりたいではダメで、もっと具体的に、起業して表参道にオフィスを構えるなどと想像します。

ここで、一つだけ注意があります。**目標の達成にこだわらないことです。目標を達成することは、最終的な幸せとは、関係ないからです。**もちろん、物事がうまくいけば達成感が得られます。ただ、残念ながら、人生で負けなしということはありません。失敗した時を振り返って見ると、たいがい、反省点があったりします。つまり、全力で取り組み、そうした後悔を少しでも減らせばよいのです。こうした積み重ねが、青年期の人生を充実したものにしてくれるでしょう。

なかには、自己実現の過程を仕事に見出そうとして、失望する人もいるかもしれません。そんな時にも、イヤイヤ働いて、時間や機会を無駄にしないように心がけましょう。モノの見方をちょっと変えるだけで、何かを得られる可能性があります。仕事に取り組む時の意識を変えてみるのはどうでしょう。「ジョブ・クラフティング」と言います。指示されたことを右から左にこなすだけではなく、どうしたら喜んでもらえるかという視点を持ってみるのです。些細な仕事でも、褒められたり、喜ばれたりすると、うれしいものです。人の役に立てていると感じられ、やりがいが出てきます。

(2) 意味のある会話と家族愛で幸せを引き寄せる

大事な人とのつながりは、身近にもあります。自己実現を求める若い時には、自分のことだけに目が行きがちです。ただ、気がつく範囲でも構わないので、家族を大切にするとよいでしょう。**家族とのつながりは、幸せに大いに関係しているからです。**ウエスタンオレゴン大学の心理学者ブラナンらの研究によると、**家族からの支援は、人生の満足感やポジティブな感情と関係あるだけでなく、ネガティブな感情の抑制とも関係がありました。**[41] 一方、友人による社会支援の効果は、特定の文化圏（アメリカ）で見られるだけであり、また、すべての国において、**恋人の影響は認められていません。**結局、最後に頼れるのは家族ということになります。

また、**人と話す時は、意味のある会話を心がけましょう。**アリゾナ大学の心理学者メールらは、12・5分ごとに、30秒の音声を録音する電子機器を装着した実験参加者を対象に、会話の仕方と幸福感について調べています[42]。すると、一人でいる時間が少なく、他人と長く話している人は、幸せに感じていました。幸せな人は、そうでない人より、一人でいる時間が25％短く、また、話している時間が70％多かったのです。しかし、長時間話せばよいというわけではありません。単なる世間話のような雑談の多い人は幸福感が低い一方、意味のある情報を交換するなど、**実質的な会話をしている人は、幸福感が高かったのです**。この関係は、性格の影響を調整しても、変わりませんでした。幸せな人ほど魅力的なため、より深い会話をするのかもしれませんが、意味のある会話をすると、幸せになる可能性もあるのです。

(3)ギスギスした結婚生活は健康にも悪影響

パートナー選びも重要です。パートナーには感情が安定した人を選ぶとよいでしょう。25年間にわたる幸福感調査を分析したところ、**神経質なパートナーといる人は、感情が安定したパートナーといる人より、幸せではありませんでした**[43]。神経質なパートナーによる悪影響は、男性、女性のいずれにも当てはまり、また、同居期間に関係なく見受けられます。この結果は、幸せの感じ方は普遍ではなく、行動選択（パートナーの選び方）によって変わる可能性を示しています。遺伝を重視するセット・ポイント理論への反証となっているわけです。
パートナーとの良好な関係も重要です。テキサス大学オースチン校の社会学者ウムベルソンらによると、年をとればとるほど、ギスギスした結婚生活が、数年後の健康に大きな影響を与えます。[44]自己申告に基づく身体的な健康の経年変化を見てみると、結婚が生き地獄（結婚がひどく煩わしいなど、ネガティブな経験）の場合には、若い人より、老人のほうが早く悪化していました。年を取った時に、相性のよい伴侶といないと、あっという間に体調を崩してしまうのです。また、結婚がそれほど負担でない（ネガティブな経験がひどくない）老人の場合には、結婚によるストレスがないことが、よい健康状態を示唆していました。老人のほうが影響を受けやすい理由として、①結婚によるストレスは、加齢による免疫機能の弱体化を加速する、②結婚によるストレスが蓄積して、健康面に現れるまでに時間がかかる、などの可能性が挙げられています。

結婚によるストレスが健康に与える影響は、短期的なものもあります。いがみ合っている夫婦は、そうでない夫婦より、傷の治りが遅いのです。[45]また、加齢に関連した病気を進行させる可能性があります。相手を支援するような話し合いよりも、解決すべき結婚生活の問題を話し合った後の朝において、インターロイキン6や腫瘍壊死因子《しゅようえしいんし》-αの生成が、大幅に増えていました。腫瘍壊死因子-α（TNF-α）が増加すると、関節リウマチや動脈硬化などの危険が増します。また、がん誘発との関連も指摘されています。
パートナーと良好な関係を築くには、他人を理解する共感が必要です。育った環境や立場が違えば、考え方も違うのでどちらが正しいとか、間違っているとかはありません。自分の価値観を押し付けず、いろいろな価値観があることを認めて尊重してみましょう。立場の違いを認識することで、やっと、話し合いが始められるようになるのです。お互いに、相手の主張に歩み寄れれば、末永く安定した関係が築けるようになります。

まとめ

①目標に向かって努力する過程が、人を幸せにする。
②接近目標のほうが、目標を達成しやすい。
③回避目標を掲げる人は、接近目標を掲げる人より、幸せに感じない。
④自分の能力に自信がない人ほど、回避目標を使う傾向がある。
⑤具体的な目標を決め、好ましい期待を持つことも大事。
⑥目標の達成は、最終的な幸せとはさほど関係ない。

⑦家族とのつながりは、幸せと大いに関係している。
⑧家族からの支援は、ポジティブな感情を促進し、ネガティブな感情を抑制する。
⑨恋人による支援は、幸せと関係ない。
⑩実質的な会話をしている人は、幸福感が高い。
⑪神経質なパートナーといる人のほうが、幸せでない。
⑫ギスギスした結婚生活で、体調を崩しやすくなる。
⑬安定した結婚生活は、若者より老人の健康に大きく影響する。
⑭いがみ合っている夫婦では、傷の治りが遅い。

本当に大事なものを大切にする——中年期（生き方の転換期）の価値観

(1)生きがいがある人は幸せ

中年期には、後悔しない生き方が鍵となります。人生を折り返すにあたり、自分にとって一番大切なことを、改めて考えてみましょう。日々の生活に忙殺されていると、忘れてしまいがちなことです。ただ、今しっかりと考えて、どのように生きていくかを決めておくことは、残りの人生を悔いなく過ごすために必要な準備です。特に、中年期は、目まぐるしく変わってきた人とのつながり方の最終的な節目だと言えます。とにかく無我夢中だった青年期は、自分が主役でした。自己実現や成長だけに集中できました。やがて、家族を持つと、生活の中心が子供になり、自分は後方支援にまわるようになります。そして、子供の巣立ちと入れ替わりに、定年退職や親の心配も出てきます。若い頃とは、人生の価値観も大きく変わっているはずです。

どのように生きていくかを決めておこうと言われても戸惑うかもしれません。そんな時には難しく考えず、誰のためにとか、何をしたいとかを考えるとよいでしょう。自分なりに、生きる意味を見出すことが一番大切です。子供のために1日でも長く生きるでも構いません。遠くにいて会うことがなくても、親が生きていてくれることは、子供にとって大変心強いことです。今までお世話になった人たちへ、恩返しをするというのもよいでしょう。もちろん、園芸のように、典型的な趣味でも構いません。

月並みですが、この時期に、きちんと生きる意味を見つけておきましょう。すると、残りの人生にもよい影響があります。**生きがいがある人は、幸せに生きている**からです。40歳から79歳までの日本人を対象にした東北大学のソネらの研究によると、生きがいがある人は、生きがいのない人に比べて、ストレスを感じにくく、自己評価による健康状態もよい傾向にありました[46]。また、結婚していて、定職もあり、生活が安定していました。さらに、生きがいがある人は、そうでない人よりも、心血管疾患や自殺で亡くなる確率が低くなっていました。ただし、生きがいで、すべてを説明できるわけではありません。心血管疾患のうち、脳卒中の死亡リスクとは関係がありますが、狭心症や心筋梗塞などの虚血性心疾患とは関係が見られません。また、がんによる死亡リスクとの関係も認められませんでした。

老いに対する意識にも、生きがいと似たようなことが言えます。この時期にはいろいろな衰えを実感しますが、老いを前向きにとらえるとよいでしょう。約23年にわたる追跡調査に基づいて分析したところ、老いていくことに対してポジティブな態度をとる人は、そうでない人より、7・5年長生きでした[47]。**老いを前向きにとらえる人ほど長生きすること**は、いろいろな要因（年齢、性別、学歴、職業、健康状態、孤独感など）を調整しても変わりません。こうした長寿効果の一部は、老いを前向きにとらえることによって、生きる意志が生まれるからだとされています。年を取ると、どんどん状況が悪くなるとか、自分が役立たずになるとか、若い時ほど幸せでないと感じることもあるかもしれません。しかし、悲観的には考えないほうがよいと言えます。

生きがいを見つけて、生きることを楽しんでみましょう。一方、嫌なことがあった時には、客観的に受けとめて、クヨクヨしないようにします。そして、自分の人生において意義のあることに集中しましょう。お酒やギャンブルなど、その場しのぎの気晴らしはあまり役に立ちません。何かを忘れようとしている時には、何をしても心の底から楽しめないからです。

(2)リラックスしたコミュニティーに身を置こう

社会とのつながり方も、リラックスしたものに変えていくとよいでしょう。エラスムス医療センターの公衆衛生学者のクロエツェンが、ロンドン・スクール・オブ・エコノミクスの学者らとともに行った、10か国に住む50歳以上の人（平均年齢63歳）を対象にした研究によると、社会参加の種類が、精神衛生と関係あることが分かっています[48]。宗教組織への参加で、4年後のうつ状態が改善しますが、政治組織や地域組織への参加は、逆に、うつ状態が悪化していました。気が張るような集会は、精神衛生上よくない結果となっています。それ以外の活動（ボランティア活動、生涯学習コースやスポーツクラブへの参加）では、4年後のうつ状態は改善しませんでした。ただし、活動の直後ではうつ状態に変化が認められており、こうした活動によるうつ状態の抑制効果は、短期間でなくなると考えられます。一方、宗教組織や政治組織への参加は、うつ状態に長期的な影響を与えることになります。

宗教組織のように、心に寄り添う効果がある場合には、精神衛生上、長期的な効能が期待できます。政治組織への参加にはない効果です。また、幸福の伝播が、職場では見られないことを思い出してください。こうして見ると、心のよりどころを、家族や友人といった身近なコミュニティーに持つことは、私たちを幸せへ誘う近道だと考えられます。

■まとめ

①中年期には、生きる意味を見つけておく。
②生きがいがある人は、幸せに生きている。
③老いを前向きにとらえる人ほど長生きする。
④政治組織や地域組織への参加は、精神衛生上負担になる可能性。
⑤ボランティア活動がもたらす精神衛生上の効能は一時的。

高齢になったら、あまり頑張らないようにしましょう。老いや病気など、努力しても変えられない現実もあります。無理に昔の状態を取り戻そうとせずに、現実を見つめて、それを受け入れてみましょう。若さや健康に執着せず、手放す時期と言ってもよいかもしれません。避けられないものを受け入れることで、逆に、心が安定したりします。思い悩まなくて済むようになるのです。よりよく生き続けるために、運命を受け入れる気持ちを持ってみてください。こうした態度は、人生に負けることではありません。

また、感謝の気持ちを持ち続けましょう。確かに、身体にはあちこちガタが来ていると思います。しかし、まだ、自分でモノを食べています。青い空の下を、介護の補助なしに、一人で歩けます。そして、年に1回、孫が訪ねてくれるかもしれません……。こうした貴重な日々に感謝しましょう。ないもののねだりを止めると、心が解放されて、スッキリとした気持ちになります。そして、現実を受け入れて感謝をすると、新しい可能性にも目が行き、自然と活力も湧いてきます。

たまには昔を振り返ってみるのも悪くありません。特に、思い出話はお勧めです。**自分の体験を感情豊かに話すことは、心身の健康によい効果があります**。他人と過去の出来事や経験を共有すると、ポジティブな感情になるのです。その時、よいことを思い出すと、その効果が増して、さらに幸せに感じます。また、話をする時には、できるだけ、頭に思い浮かべてみましょう。思い出の品を使うより、自由に記憶を巡らすほうが、出来事をより深く味わえます。[49]こうした手法は、「回想法」として心理療法で使われています。

老人による回想の効果は古くから指摘されています。回想法は、よくグループ形式で用いられます。グループになって、昔のことを話した時には、幸福感が改善します。一方、グループで選んだ話題を話し合うだけでは、幸福感に変化がないという報告もあります。[50]何でも話せばよいというわけではなく、思い出話が大事なのです。

また、**回想法は、通常の老人だけでなく、認知症の老人の認知や気分も改善します**。きちんとした実験方法（ランダム化比較試験。無作為に、実験参加者を介入群と対照群に分けることで、介入の効果を公平に測定できるようにする方法）を使った既存研究を検証したところ、認知機能や気分改善の効能が見られました。[51]こうした効能は、回想法を行った4〜6週間後においても認められています。[52]効果に持続性があるわけです。

回想する時には、よい出来事を思い出しながら、当時出会った人に感謝してみてもよいでしょう。感謝は、喜びや楽しみの源となります。そして、喜びや楽しみを感じている時には、不安を感じません。また、よい気分になったら、目一杯それを味わってください。深く味わうことで、ポジティブな感情が強くなるだけでなく、その感情が長く続きます。

人生、山あり谷あり。長く生きていれば、いろいろなことがあったことでしょう。ただ、笑って過ごしても1日。メソメソ過ごしても1日です。どうせならば、残りの人生を楽しく過ごしたほうがよいとは思いませんか。終わりよければ、すべてよしです！

■まとめ

①高齢になったら、あまり頑張らない。
②無理に昔の状態を取り戻そうとしない。
③現実を受け入れることで、心が安定する。
④感謝の気持ちを持ち続ける。
⑤思い出話は、心身の健康によい効果。
⑥頭に思い浮かべて、感情豊かに話すのが大事。
⑦回想法は、認知症の老人の認知や気分も改善する。

あとがき

これまでの人生を振り返ってみると、あっという間だったような気がします。そして、いろいろありましたが、比較的幸せだったと感じています。学生の頃は、世の中がよくなれば、もっとみんなが幸せになるのにと漠然と考えていました。大学では経済学を専攻し、公務員として勤務して、世の中をよくしようと意気込んでいた時期もあります。しかし、時間に忙殺される中でなにかよく分からなくなり、渡米しました。今にして思えば、「社会の進歩＝幸せ」ではないことを、なんとなく感じ始めていたのだと思います。

その後、期せずして、人生の三分の一をアメリカで過ごすことになりました。アメリカの大学で教鞭をとったり、国際機関で働いたりもしました。自分の中で、価値観が大きく変わり、それを自覚できた時期でもあります。そして、日本に戻ってきました。年をとったからかもしれませんが、外に向かって積極的に働きかけるより、自らの内面を見つめ直すように方向性が変わりました。世の中を変えるというより、自分の足元をしっかり固めるほうが重要だと思うようになったのです。今では、個人の変化が徐々に世界を変えるかもしれないというマインドフルネス的な思想に、少し期待しています。

本書には、そうした私の考え方が出ている部分もあるでしょう。しかし、自分の考え方を前面に出すよりも、できるだけ客観的な事実を提供し、各自で判断してもらうスタイルをとっています。大学の講義でもそうですが、自分で判断することは面倒くさく、歓迎されません。心理学的にも、単純化した分かりやすい見解（結婚は勝ち組など）のほうが、心に届きやすいことも知っています。ただ、幸せは人それぞれ。大本の柱はあっても、各自の特性に合うように、テーラーメードする必要があります。

本書では、幸せを厳密に定義していません。通常、幸せを測るには、一時的感情のような気分や生活全般に対する満足度だけでなく、意義のある人生のような価値観などが使用されます。それ以外にも、ホルモンの分泌など、身体的な反応で議論することもあります。ただ、すべて「幸せ」と記してあります。これは、普段の私たちの幸せを考えるうえで、そうした分類をあまり気にする必要はないと思ったからです。喜びや楽しみのような気分が原動力となって、自らの目標を達成し、納得のいく人生を送ることもあります。幸せは、すべての要素が、緊密に関係し合っていると考えているわけです。

本書の目的は、みなさんの幸せを見つける手助けです。繰り返しになりますが、幸せの形は人によって異なり、どのような要素を重視するかは、自分次第です。一瞬に自分を輝かせるような刹那的な人生もあれば、何十年も時間をかけて普遍的な真理を追究するような永劫的な人生もあるでしょう。一生は一度しかありません。自分の人生のあり方を責任持って決めるのも、やはり自分自身だと思っています。

そうは言っても、分からなくて読んでいただけないのでは話になりません。読みづらい初稿に丁寧に目を通し、詳細なコメントを頂いたＮＨＫ出版の加藤剛さんにお礼を申し上げます。本書が読めるようになっているのは、加藤さんに負うところが大きいです。また、お名前は挙げませんが、これまで出会った人たちのうち、私の人生に大きく影響を与えた人が何人かいます。彼らにも感謝します。必ずしも日本語が分かる人たちばかりではありませんが、そんな彼らが、いつかこの本を手に取ることがあればと思っています。

二〇一九年七月十一日

友原章典

出典一覧

第1章

1 Harker, L.A. and D. Keltner, 2001, Expressions of positive emotion in women's college yearbook pictures and their relationship to personality and life outcomes across adulthood, Journal of Personality and Social Psychology 80 (1), 112–124.

2 Hertenstein, M.J., et al., 2009, Smile intensity in photographs predicts divorce later in life, Motivation and Emotion 33 (2), 99-105.

3 Bonanno, G.A. and D. Keltner, 1997, Facial expressions of emotion and the course of conjugal bereavement, Journal of Abnormal Psychology 106 (1), 126–137.

Keltner, D. and G.A. Bonanno, 1997, A study of laughter and dissociation : Distinct correlates of laughter and smiling during bereavement, Journal of Personality and Social Psychology 73 (4), 687–702.

4 Abel, E.L. and M.L. Kruger, 2010, Smile intensity in photographs predicts longevity, Psychological Science 21 (4), 542–544.

5 Kraft, T.L. and S.D. Pressman, 2012, Grin and bear it, The influence of manipulated facial expression on the stress response, Psychological Science 23 (11), 1372–1378.

6 https://www.omron.co.jp/press/2009/02/s0219.html

7 Frey, B.S. and A. Stutzer, 2001, Happiness and economics : How the economy and institutions affect human well-being, New Jersey : Princeton University Press (ブルーノ S.フライ, アロイス・スタッツァー(2005)『幸福の政治経済学―人々の幸せを促進するものは何か』ダイヤモンド社).

8 Easterlin, R.A., 1974, Does economic growth improve the human lot? Some empirical evidence, In David, P.A. and M.W. Reder (Eds.), Nations and households in economic growth : Essays in honor of Moses Abramowitz, New York and London : Academic Press.

Easterlin, R.A., 1995, Will raising the incomes of all increase the happiness of all, Journal of Economic Behavior and Organization 27 (1), 35–47.

9 Stevenson, B. and J. Wolfers, 2008, Economic growth and subjective well-being : Reassessing the Easterlin paradox, Brookings Papers on Economic Activity 39 (1), 1–102.

10 Sacks, D.W., B. Stevenson, and J. Wolfers, 2012, The new stylized facts about income and subjective well-being, Emotion 12 (6), 1181–1187.

11 Kahneman, D. and A. Deaton, 2010, High income improves evaluation of life but not emotional well-being, Proceedings of the National Academy of Sciences of the United States of America 107 (38), 16489-16493.

12 Clark, A.E., et al., 2008, Lags and leads in life satisfaction : A test of the baseline hypothesis, The Economic Journal 118 (529), F222–F243.

13 Gilovich, T. and A. Kumar, 2015, Chapter four –We'll always have Paris : The hedonic payoff from experiential and material investments, Advances in Experimental Social Psychology 51, 147–187.

Boven, L.V. and T. Gilovich, 2003, To do or to have? That is the question, Journal of Personality and Social Psychology 85 (6), 1193–1202.

14 Dunn, E.W., L.B. Aknin, and M.I. Norton, 2008, Spending money on others promotes happiness, Science 319 (5870), 1687–1688.

15 Aknin, L.B., et al., 2013, Prosocial spending and well-being : Cross-cultural evidence for a psychological universal, Journal of Personality and Social Psychology 104 (4), 635–652.

16 Diener, E., B. Wolsic, and F. Fujita, 1995, Physical attractiveness and subjective well-being, Journal of Personality and Social Psychology 69 (1), 120–129.

17 Margraf, J., A.H. Meyer, and K.L. Lavallee, 2013, Well-being from the knife? Psychological effects of aesthetic surgery, Clinical Psychological Science 1 (3), 239–252.

18 Honigman, R.J., et al., 2004, A review of psychosocial outcomes for patients seeking cosmetic surgery, Plastic and Reconstructive Surgery 113 (4), 1229–1237.

19 Honigman, R.J., et al., 2004, A review of psychosocial outcomes for patients seeking cosmetic surgery, Plastic and Reconstructive Surgery 113 (4), 1229–1237.

20 Castle, D.J., et al., 2002, Does cosmetic surgery improve psychosocial wellbeing? The Medical Journal of Australia 176 (12), 601–604.

21 Danner, D.D., D.A. Snowdon, and W.V. Friesen, 2001, Positive emotions in early life and longevity : findings from the nun study, Journal of Personality and Social Psychology 80 (5), 804–813.

22 内閣府『国民生活白書(平成20年)』.

23 内閣府『国民生活に関する世論調査(平成26年)』図3:現在の生活に対する満足度.

patterns in salivary cortisol with all-cause and cardiovascular mortality : Findings from the Whitehall II study, The Journal of Clinical Endocrinology and Metabolism 96 (5), 1478–1485.
3 Huth, C., et al., 2014, Job strain as a risk factor for the onset of type 2 diabetes mellitus : Findings from the MONICA/KORA Augsburg cohort study, Psychosomatic Medicine 76 (7), 562–568.
Smith, P.M., et al., 2012, The psychosocial work environment and incident diabetes in Ontario, Canada, Occupational Medicine 62 (6), 413–419.
4 Wolford, C.C., et al., 2013, Transcription factor ATF3 links host adaptive response to breast cancer metastasis, The Journal of Clinical Investigation 123 (7), 2893–2906.
Caldwell, E., 2013, The stress and cancer link : 'Master-switch' stress gene enables cancer's spread (https://news.osu.edu/news/2013/08/22/ATF3/)
5 Cohen, S., D.A. Tyrrell, and A.P. Smith, 1991, Psychological stress and susceptibility to the common cold, The New England Journal of Medicine 325 (9), 606–612.
6 Puetz, T.W., P.J. O'Connor, and R.K. Dishman, 2006, Effects of chronic exercise on feelings of energy and fatigue : A quantitative synthesis, Psychological Bulletin 132 (6), 866–876.
7 Blumenthal, J.A., et al., 1999, Effects of exercise training on older patients with major depression, Archives of Internal Medicine 159 (19), 2349–2356.
8 Nabkasorn, C., et al., 2006, Effects of physical exercise on depression, neuroendocrine stress hormones and physiological fitness in adolescent females with depressive symptoms, European Journal of Public Health 16 (2), 179–184.
9 Mueller, P.J., 2007, Exercise training and sympathetic nervous system activity : Evidence for physical activity dependent neural plasticity, Clinical and Experimental Pharmacology and Physiology 34 (4), 377–384.
10 Erickson, K.I., et al., 2011, Exercise training increases size of hippocampus and improves memory, Proceedings of the National Academy of Sciences of the United States of America 108 (7), 3017–3022.
11 Bratman, G.N., et al., 2015, Nature experience reduces rumination and subgenual prefrontal cortex activation, Proceedings of the National Academy of Sciences of the United States of America 112 (28), 8567–8572.
12 Van Den Berg, A.E., and M.H. Custers, 2010, Gardening promotes neuroendocrine and affective restoration from stress, Journal of Health Psychology 16 (1), 3–11.
13 Curry, N.A. and T. Kasser, 2011, Can coloring mandalas reduce anxiety? Journal of the American Art Therapy Association 22 (2), 81–85.
14 Trappe, H. and G. Voit, 2016, The cardiovascular effect of musical genres, A randomized controlled study on the effect of compositions by W. A. Mozart, J. Strauss, and ABBA, Deutsches Ärzteblatt International 113 (20), 347–352.
15 Cohen, S., et al., 2015, Does hugging provide stress-buffering social support? A study of susceptibility to upper respiratory infection and illness, Psychological Science 26 (2), 135–147.
16 Mickey, B.J., et al., 2011, Emotion processing, major depression, and functional genetic variation of neuropeptide Y, Archives of General Psychiatry 68 (2), 158–166.
17 Morgan, C.A. III, et al., 2000, Plasma neuropeptide-Y concentrations in humans exposed to military survival training, Biological Psychiatry 47 (10), 902–909.
Morgan, C.A. III, et al. 2002, Neuropeptide-Y, cortisol, and subjective distress in humans exposed to acute stress : Replication and extension of previous report, Biological Psychiatry 52 (2), 136–142.
18 Rasmusson, A.M., et al., 2000, Low baseline and yohimbine-stimulated plasmaneuropeptide Y (NPY) levels incombat-related PTSD, Biological Psychiatry 47 (6), 526–539.
19 Pechtel, P., et al., 2014, Sensitive periods of amygdala development : The role of maltreatment in preadolescence, Neuroimage 97, 236–244.
20 マーチン・H・タイチャー（2015）「脳科学から見た子どもの虐待～児童虐待・ネグレクトが及ぼす神経生物学的影響～」（福岡女学院大学　大学院発達教育学専攻開設記念　国際交流講演会）
21 Bernard, K., et al., 2015, Intervening to enhance cortisol regulation among children at risk for neglect : Results of a randomized clinical trial, Development and Psychopathology 27 (3), 829–841.
22 Bernard, K., et al., 2015, Intervention effects on diurnal cortisol rhythms of child protective services–Referred infants in early childhood, Preschool follow-up results of a randomized clinical trial, JAMA Pediatrics 169 (2), 112–119.

24 Stevenson, B. and J. Wolfers, 2009, The paradox of declining female happiness, American Economic Journal : Economic Policy 1 (2), 190–225.
25 Stutzer, A. and B.S. Frey, 2006, Does marriage make people happy, or do happy people get married? The Journal of Socio-Economics 35, 326–347.
26 Clark, A.E., et al., 2008, Lags and leads in life satisfaction : A test of the baseline hypothesis, The Economic Journal 118 (529), F222–F243.
27 Yap, S.C.Y., I. Anusic, and R.E. Lucas, 2012, Does personality moderate reaction and adaptation to major life events? Evidence from the British household panel survey, Journal of Research in Personality 46 (5), 477–488.
28 Stutzer, A. and B.S. Frey, 2006, Does marriage make people happy, or do happy people get married? The Journal of Socio-Economics 35, 326–347.
29 Blanchflower, D.G. and A.J. Oswald, 2004, Well-being over time in Britain and the U.S.A., Journal of Public Economics 88 (7-8), 1359-1386.
30 Grover, S. and J.F. Helliwell, 2019, How's life at home? New evidence on marriage and the set point for happiness, Journal of Happiness Studies 20(2), 373–390.
31 Carstensen, L.L., J.M. Gottman, and R.W. Levenson, 1995, Emotional behavior in long-term marriage, Psychology and Aging 10, 140–149.
Gottman, J.M., et al., 1998, Predicting marital happiness and stability from newlywed interactions, Journal of Marriage and the Family 60, 5–22.
Gottman, J.M., and R.W. Levenson, 1992, Marital processes predictive of later dissolution : Behavior, physiology, and health, Journal of Personality and Social Psychology 63, 221–233.
32 Gable, S.L., G.C. Gonzaga, and A. Strachman, 2006, Will you be there for me when things go right? Supportive responses to positive event disclosures, Journal of Personality and Social Psychology 91 (5), 904–917.
Gable, S.L., et al., 2004, What do you do when things go right? The intrapersonal and interpersonal benefits of sharing positive events, Journal of Personality and Social Psychology 87 (2), 228–245.
33 Murray, S.L., et al., 2000, What the motivated mind sees : Comparing friends' perspectives to married partners' views of each other, Journal of Experimental Social Psychology 36 (6), 600–620.
34 Clark, A.E., et al., 2008, Lags and leads in life satisfaction : A test of the baseline hypothesis, The Economic Journal 118 (529), F222–F243.
35 Deaton, A. and A.A. Stone, 2014, Evaluative and hedonic wellbeing among those with and without children at home, Proceedings of the National Academy of Sciences of the United States of America 111 (4), 1328–1333.
36 Marilyn, J.E., et al., 2013, Epigenetic vestiges of early developmental adversity : Childhood stress exposure and DNA methylation in adolescence, Child Development 84 (1), 58–75.
37 Maselko, J., et al., 2011, Mother's affection at 8 months predicts emotional distress in adulthood, Journal of Epidemiology and Community Health 65 (7), 621–625.
38 eurostat (http://ec.europa.eu/eurostat/statistics-explained/index.php/Quality_of_life_in_Europe_-_facts_and_views_-_overall_life_satisfaction).
39 Veenhoven, R., 2008, Healthy happiness : Effects of happiness on physical health and the consequences for preventive health care, Journal of Happiness Studies 9, 449–469.
40 Abramson, L.Y., et al., 1978, Learned helplessness in humans : Critique and reformulation, Journal of Abnormal Psychology 87 (1), 49–74.
41 Veenhoven, R., 2008, Healthy happiness : Effects of happiness on physical health and the consequences for preventive health care, Journal of Happiness Studies 9, 449–469.
42 Wiseman, R., 2004, The luck factor, Four simple principles that will change your luck- and your life, London, U.K. : Arrow Books (リチャード・ワイズマン(2011)『運のいい人の法則』角川文庫).
43 NHK「幸福学」白熱教室制作班(2014)『「幸せ」について知っておきたい5つのこと』KADOKAWA／中経出版.

第2章

1 Conrad, C.D., 2008, Chronic stress-induced hippocampal vulnerability : The glucocorticoid vulnerability hypothesis, Reviews in the Neurosciences 19 (6), 395–412.
Conrad, C.D., J.L. Jackson, and L. Wise, 2004, Chronic stress enhances ibotenic acid-induced damage selectively within the hippocampal CA3 region of male, but not female rats, Neuroscience 125, 759–767.
2 Kumari, M., et al., 2011, Association of diurnal

A randomized controlled trial, Biological Psychiatry 80 (1), 53–61.
14 Sakai, J., 2013, Study reveals gene expression changes with meditation (https://news.wisc.edu/study-reveals-gene-expression-changes-with-meditation/)
Kaliman, P., et al., 2014, Rapid changes in histone deacetylases and inflammatory gene expression in expert meditators, Psychoneuroendocrinology 40, 96–107.
15 Harris, R., 2008, The happiness trap how to stop struggling and start living, Robinson Publishing（ラス・ハリス(2015)『幸福になりたいなら幸福になろうとしてはいけない　マインドフルネスから生まれた心理療法ACT入門』筑摩書房）.
16 Van Dam, N.T., et al., 2018, Mind the hype: A critical evaluation and prescriptive agenda for research on mindfulness and meditation, Perspectives on Psychological Science 13 (1), 36–61.
17 Bohlmeijer, E., et al., 2010, The effects of mindfulness-based stress reduction therapy on mental health of adults with a chronic medical disease: A meta-analysis, Journal of Psychosomatic Research 68 (6), 539–544.
18 Grossman, P., et al., 2004, Mindfulness-based stress reduction and health benefits. A meta-analysis, Journal of Psychosomatic Research 57 (1), 35–43.
19 Monti, D.A., et al., 2006, A randomized, controlled trial of mindfulness-based art therapy (MBAT) for women with cancer, Psycho-oncology 15 (5), 363–373.
20 ジョン・カバットジン(2007)『マインドフルネスストレス低減法』北大路書房.
21 ジンデル・シーガル, マーク・ウィリアムズ, ジョン・ティーズデール(2007)『マインドフルネス認知療法　うつを予防する新しいアプローチ』北大路書房.
22 Cherkin, D.C., et al., 2016, Effect of mindfulness-based stress reduction vs cognitive behavioral therapy or usual care on back pain and functional limitations in adults with chronic low back pain, A randomized clinical trial, JAMA 315 (12), 1240–1249.

第4章

1 Fowler, J.H., and N.A. Christakis, 2008, Dynamic spread of happiness in a large social network: Longitudinal analysis over 20 years in the Framingham Heart Study, BMJ 337, a2338.
2 Carmichael, C.L., H.T. Reis, and P.R. Duberstein, 2015, In your 20s it's quantity, in your 30s it's quality: The prognostic value of social activity across 30 years of adulthood, Psychology and Aging 30 (1), 95–105.
3 Lipnicki, D.M., et al., 2013, Risk factors for late-life cognitive decline and variation with age and sex in the Sydney Memory and Ageing Study, PLoS ONE 8 (6), e65841.
4 Kirschbaum, C., et al., 1995, Sex-specific effects of social support on cortisol and subjective responses to acute psychological stress, Psychosomatic Medicine 57 (1), 23–31.
5 Kamarck, T.W., B. Annunziato, and L.M. Amateau, 1995, Affiliation moderates the effects of social threat on stress-related cardiovascular responses: Boundary conditions for a laboratory model of social support, Psychosomatic Medicine 57 (2), 183–194.
6 Lepore, S.J., K.A. Allen, and G.W. Evans, 1993, Social support lowers cardiovascular reactivity to an acute stressor, Psychosomatic Medicine 55 (6), 518–524.
7 Heinrichs, M., et al., 2003, Social support and oxytocin interact to suppress cortisol and subjective responses to psychosocial stress, Biological Psychiatry 54 (12), 1389–1398.
8 Uchino, B.N., J.T. Cacioppo, and J.K. Kiecolt-Glaser, 1996, The relationship between social support and physiological processes: A review with emphasis on underlying mechanisms and implications for health, Psychological Bulletin 119 (3), 488–531.
9 Holahan, C.J., et al., 1995, Social support, coping, and depressive symptoms in a late-middle-aged sample of patients reporting cardiac illness, Health Psychology 14 (2), 152–163.
10 Kaufman, J., et al., 2006, Brain-derived neurotrophic factor-5-HTTLPR gene interactions and environmental modifiers of depression in children, Biological Psychiatry 59 (8), 673–680.
11 Holt-Lunstad, J., et al., 2015, Loneliness and social isolation as risk factors for mortality, A meta-analytic review, Perspectives on Psychological Science 10 (2), 227–237.
12 Holt-Lunstad, J., T.B. Smith, and J.B. Layton, 2010, Social relationships and mortality risk: A meta-analytic review, PLoS Medicine 7 (7), e1000316.
13 Stice, E., J. Ragan, and P. Randall, 2004,

23 Takizawa, R., et al., 2014, Adult health outcomes of childhood bullying victimization : Evidence from a 5-decade longitudinal British cohort, American Journal of Psychiatry 171, 777-784.
Evans-Lacko, S., et al., 2017, Childhood bullying victimisation is associated with use of mental health services over 5 decades : A longitudinal nationally-representative cohort study, Psychological Medicine (47), 127-135.
24 Lederbogen, F., et al., 2011, City living and urban upbringing affect neural social stress processing in humans, Nature 474, 498-501.
25 Abbott, A., 2012, Stress and the city : Urban decay, Scientists are testing the idea that the stress of modern city life is a breeding ground for psychosis (https://www.nature.com/news/stress-and-the-city-urban-decay-1.11556).
26 Lyubomirsky, S., L. King, and E. Diener, 2005, The benefits of frequent positive affect : Does happiness lead to success? Psychological Bulletin 131 (6), 803-855.
27 Koo, M., et al., 2008, It's a wonderful life : Mentally subtracting positive events improves people's affective states, contrary to their affective forecasts, Journal of Personality and Social Psychology 95 (5), 1217-1224.
28 Laird, J.D., et al., 1982, Remembering what you feel : Effects of emotion on memory, Journal of Personality and Social Psychology 42 (4), 646-657.
29 Schwartz, C.E., and R. M. Sendor, 1999, Helping others helps oneself : Response shift effects in peer support, Social Science and Medicine 48 (11), 1563-1575.
30 Creswell, J.D., et al., 2013, Self-affirmation improves problem-solving under stress, PLoS ONE 8 (5), e62593.
31 Creswell, J.D., et al., 2005, Affirmation of personal values buffers neuroendocrine and psychological stress responses, Psychological Science 16 (11), 846-851.
32 Creswell, J.D., et al., 2007, Does self-affirmation, cognitive processing, or discovery of meaning explain cancer-related health benefits of expressive writing? Personality and Social Psychology Bulletin 33 (2), 238-250.

第3章

1 Lieberman, M.D., et al., 2007, Putting feelings into words: Affect labeling disrupts amygdala activity in response to affective stimuli, Psychological Science 18 (5), 421-428.
2 Killingsworth, M.A. and D.T. Gilbert, 2010, A wandering mind is an unhappy mind, Science 330 (6006), 932.
3 Marty-Dugas, J., et al., 2018, The relation between smartphone use and everyday inattention, Psychology of Consciousness: Theory, Research, and Practice 5 (1), 46-62.
4 Raichle, M.E., 2006, The brain's dark energy, Science 314 (5803), 1249-1250.
5 Raichle, M.E., 2010, The brain's dark energy, Scientific American, 44-49 (M. E. レイクル (2010)「浮かび上がる脳の陰の活動」日経サイエンス2010年6月).
6 Brewer, J.A., et al., 2011, Meditation experience is associated with differences in default mode network activity and connectivity, Proceedings of the National Academy of Sciences of the United States of America 108 (50), 20254-20259.
7 Kuyken, W., et al., 2015, Effectiveness and cost-effectiveness of mindfulness-based cognitive therapy compared with maintenance antidepressant treatment in the prevention of depressive relapse or recurrence (PREVENT): A randomised controlled trial, The Lancet 386 (9988), 63-73.
8 Condon, P., et al., 2013, Meditation increases compassionate responses to suffering, Psychological Science 24 (10), 2125-2127.
9 Hölzel, B.K., et al., 2011, Mindfulness practice leads to increases in regional brain gray matter density, Psychiatry Research: Neuroimaging 191 (1), 36-43.
10 Hölzel, B.K., et al., 2010, Stress reduction correlates with structural changes in the amygdala, Social Cognitive and Affective Neuroscience 5 (1), 11-17.
11 Taren, A.A., et al., 2015, Mindfulness meditation training alters stress-related amygdala resting state functional connectivity: A randomized controlled trial, Social Cognitive and Affective Neuroscience 10 (12), 1758-1768.
12 Davidson, R.J., et al., 2003, Alterations in brain and immune function produced by mindfulness meditation, Psychosomatic Medicine 65 (4), 564-570.
13 Creswell J.D., et al. 2016, Alterations in resting-state functional connectivity link mindfulness meditation with reduced Interleukin-6:

positive life outcomes, Journal of Personality and Social Psychology 109 (3), 508–525.
37 Milyavskaya, M. and M. Inzlicht, 2017, What's so great about self-control? Examining the importance of effortful self-control and temptation in predicting real-life depletion and goal attainment, Social Psychological and Personality Science 8 (6), 603–611.
38 Elliot, A.J. and R. Friedman, 2007, Approach-avoidance: A central characteristic of personal goals, In B.R. Little, K. Salmela-Aro, and S.D. Phillips (Eds.), Personal project pursuit: Goals, actions, and human flourishing, New Jersey: Lawrence Erlbaum Associates, Publishers.
39 Elliot, A.J. and K.M. Sheldon, 1997, Avoidance achievement motivation: A personal goals analysis, Journal of Personality and Social Psychology 73 (1), 171–185.
40 Elliot, A.J., K.M. Sheldon, and M.A. Church, 1997, Avoidance personal goals and subjective well-being, Personality and Social Psychology Bulletin 23 (9), 915–927.
41 Brannan, D., et al., 2013, Friends and family: A cross-cultural investigation of social support and subjective well-being among college students, The Journal of Positive Psychology 8 (1), 65–75.
42 Mehl, M.R., et al., 2010, Eavesdropping on happiness: Well-being is related to having less small talk and more substantive conversations, Psychological Science 21 (4), 539–541.
43 Headey, B., R. Muffels, and G.G. Wagner, 2010, Long-running German panel survey shows that personal and economic choices, not just genes, matter for happiness, Proceedings of the National Academy of Sciences of the United States of America 107 (42), 17922–17926.
44 Umberson, D., et al., 2006, You make me sick: Marital quality and health over the life course, Journal of Health Social Behavior 47 (1), 1–16.
45 Kiecolt-Glaser, J.K., et al., 2005, Hostile marital interactions, proinflammatory cytokine production, and wound healing, Archives of General Psychiatry 62 (12), 1377–1384.
46 Sone, T., et al., 2008, Sense of life worth living (ikigai) and mortality in Japan: Ohsaki Study, Psychosomatic Medicine 70 (6), 709–715.
47 Levy, B.R., et al., 2002, Longevity increased by positive self-perceptions of aging, Journal of Personality and Social Psychology 83 (2), 261–270.
48 Croezen, S., et al., 2015, Social participation and depression in old age: A fixed-effects analysis in 10 European countries, American Journal of Epidemiology 182 (2), 168–176.
49 Bryant, F.B., C.M. Smart, and S.P. King, 2005, Using the past to enhance the present: Boosting happiness through positive reminiscence, Journal of Happiness Studies 6 (3), 227–260.
50 Yousefi, Z., et al., 2015, The effect of narrative reminiscence on happiness of elderly women, Iranian Red Crescent Medical Journal 17 (11), e19612.
51 Cotelli, M., R. Manenti, and O. Zanetti, 2012, Reminiscence therapy in dementia: A review, Maturitas 72 (3), 203–205.
52 Woods, B., et al., 2005, Reminiscence therapy for dementia, The Cochrane Database of Systematic Reviews 2005 (2) : CD001120.

Prospective relations between social support and depression: Differential direction of effects for parent and peer support? Journal of Abnormal Psychology 113 (1), 155–159.

14 Lynch, T.R., et al., 1999, Perceived social support among depressed elderly, middle-aged, and young-adult samples: Cross-sectional and longitudinal analyses, Journal of Affective Disorders 55 (2-3), 159–170.

15 Kim, J., and J.E. Lee, 2011, The Facebook paths to happiness: Effects of the number of Facebook friends and self-presentation on subjective well-being, Cyberpsychology, Behavior and Social Networking 14 (6), 359–364.

16 Lönnqvist, J. and F.g. Deters, 2016, Facebook friends, subjective well-being, social support, and personality, Computers in Human Behavior 55 (Part A), 113–120.

17 Lewis, C.A. and S.M. Cruise, 2006, Religion and happiness: Consensus, contradictions, comments and concerns, Mental Health, Religion and Culture 9 (3), 213–225.

18 Lim, C. and R.D. Putnam, 2010, Religion, social networks, and life satisfaction, American Sociological Review 75 (6), 914–933.

19 Holder, M.D., B. Coleman, and J.M. Wallace, 2010, Spirituality, religiousness, and happiness in children aged 8–12 years, Journal of Happiness Studies 11 (2), 131–150.

20 Diener, E., L. Tay, and D.G. Myers, 2011, The religion paradox: If religion makes people happy, why are so many dropping out? Journal of Personality and Social Psychology 101 (6), 1278–1290.

21 Diener, E., L. Tay, and D.G. Myers, 2011, The religion paradox: If religion makes people happy, why are so many dropping out? Journal of Personality and Social Psychology 101 (6), 1278–1290.

22 Gebauer, J. E., C. Sedikides, and W. Neberich, 2012, Religiosity, social self-esteem, and psychological adjustment: On the cross-cultural specificity of the psychological benefits of religiosity, Psychological Science 23 (2), 158–160.

23 Koenig, H.G., L.K. George, and B.L. Peterson, 1998, Religiosity and remission of depression in medically ill older patients, The American Journal of Psychiatry 155 (4), 536–542.

24 Ano, G.G. and E.B. Vasconcelles, 2005, Religious coping and psychological adjustment to stress: A meta-analysis, Journal of Clinical Psychology 61 (4), 461–480.

25 Peterson, C., et al., 2008, Strengths of character and posttraumatic growth, Journal of Traumatic Stress 21 (2), 214–217.

26 Koenig, H.G., 2012, Religion, spirituality, and health: The research and clinical implications, ISRN Psychiatry, 2012 : 278730.

27 Koenig, H.G., 2015, Religion, spirituality, and health: A review and update, Advances in Mind-Body Medicine 29 (3), 19–26.

28 Lykken, D. and A. Tellegen, 1996, Happiness is a stochastic phenomenon, Psychological Science 7 (3), 186-189.

29 Shoda, Y., W. Mischel, and P.K. Peake, 1990, Predicting adolescent cognitive and self-regulatory competencies from preschool delay of gratification: Identifying diagnostic conditions, Developmental Psychology 26 (6), 978–986.

30 Watts, T.W., G.J. Duncan, and H. Quan, 2018, Revisiting the marshmallow test: A conceptual replication investigating links between early delay of gratification and later outcomes, Psychological Science.

31 Duckworth, A.L. and M.E.P. Seligman, 2005, Self-discipline outdoes IQ in predicting academic performance of adolescents, Psychological Science 16 (12), 939–944.

32 Duckworth, A.L., and M.E.P. Seligman, 2006, Self-discipline gives girls the edge: Gender in self-discipline, grades, and achievement test scores, Journal of Educational Psychology 98 (1), 198–208.

33 Tangney, J.P., R.F. Baumeister, and A.L. Boone, 2004, High self-control predicts good adjustment, less pathology, better grades, and interpersonal success, Journal of Personality 72 (2), 271–324.

34 de Ridder, D.T., et al., 2012, Taking stock of self-control: A meta-analysis of how trait self-control relates to a wide range of behaviors, Personality and Social Psychology Review 16 (1), 76–99.

35 De Ridder, D. and M. Gillebaart, 2017, Lessons learned from trait self-control in well-being: Making the case for routines and initiation as important components of trait self-control, Health Psychology Review 11 (1), 89–99.

36 Galla, B.M. and A.L. Duckworth, 2015, More than resisting temptation: Beneficial habits mediate the relationship between self-control and

編集協力　五十嵐広美
校閲　福田光一
DTP　山田孝之

友原章典　ともはら・あきのり
1969年東京都生まれ。
青山学院大学国際政治経済学部教授。
早稲田大学政治経済学部卒。
ジョンズ・ホプキンス大学大学院Ph.D.（経済学）。
米州開発銀行、世界銀行コンサルタントから、
ニューヨーク市立大学助教授、
UCLA経営大学院エコノミストなどを経て現職。
近刊に『移民の経済学』、ほかの著書に『幸福の経済学』
『理論と実証で学ぶ 新しい国際経済学』
『国際経済学へのいざない（第2版）』など。

NHK出版新書 612

実践 幸福学
科学はいかに「幸せ」を証明するか

2020年1月10日　第1刷発行

著者　友原章典　©2020 Tomohara Akinori
発行者　森永公紀
発行所　NHK出版
〒150-8081 東京都渋谷区宇田川町41-1
電話 (0570) 002-247（編集） (0570) 000-321（注文）
http://www.nhk-book.co.jp（ホームページ）
振替 00110-1-49701

ブックデザイン　albireo
印刷　新藤慶昌堂・近代美術
製本　藤田製本

Printed in Japan ISBN978-4-14-088612-0 C0230